Morro das Almas

Editora Appris Ltda.
1.ª Edição - Copyright© 2024 da autora
Direitos de Edição Reservados à Editora Appris Ltda.

Nenhuma parte desta obra poderá ser utilizada indevidamente, sem estar de acordo com a Lei nº 9.610/98. Se incorreções forem encontradas, serão de exclusiva responsabilidade de seus organizadores. Foi realizado o Depósito Legal na Fundação Biblioteca Nacional, de acordo com as Leis nºs 10.994, de 14/12/2004, e 12.192, de 14/01/2010.

Catalogação na Fonte
Elaborado por: Dayanne Leal Souza
Bibliotecária CRB 9/2162

S729m 2024	Souza, Cristiane de Morro das Almas / Cristiane de Souza. – 1. ed. – Curitiba: Appris, 2024. 139 p. ; 21 cm. ISBN 978-65-250-6907-4 1. Morro. 2. Almas. 3. Lembranças. I. Souza, Cristiane de. II. Título. CDD – B869

Appris
editora

Editora e Livraria Appris Ltda.
Av. Manoel Ribas, 2265 – Mercês
Curitiba/PR – CEP: 80810-002
Tel. (41) 3156 - 4731
www.editoraappris.com.br

Printed in Brazil
Impresso no Brasil

Cristiane de Souza

Morro das Almas

Curitiba, PR
2024

FICHA TÉCNICA

EDITORIAL	Augusto Coelho
	Sara C. de Andrade Coelho
COMITÊ EDITORIAL	Marli Caetano
	Andréa Barbosa Gouveia (UFPR)
	Edmeire C. Pereira (UFPR)
	Iraneide da Silva (UFC)
	Jacques de Lima Ferreira (UP)
SUPERVISORA EDITORIAL	Renata C. Lopes
PRODUÇÃO EDITORIAL	Bruna Holmen
REVISÃO	Andrea Bassoto Gatto
DIAGRAMAÇÃO	Amélia Lopes
CAPA	Carlos Pereira
REVISÃO DE PROVA	Bianca Pechiski

Para chegar aqui, atravessei um mar de fogo.

Pisei no fogo, fogo não me queimou.
Pisei na pedra, balanceou.

(cantiga de Umbanda, domínio público)

AGRADECIMENTOS

A Jair Eugênio de Souza, a Benedicto Figueiredo de Mello e a Pierre Guisan.

A minha mãe Celeste, meus tios e tias, primos e primas.

A todos os meus professores e amigos da faculdade.

A todos aqueles que lutam pela sobrevivência e por seus sonhos.

SUMÁRIO

O Morro das Almas...13

Janaína e Jorge...16

Família..18

O Paraíso..20

A estátua de sal..22

Uma garrafa por um pintinho...................................24

Médico ou mágico?...31

Bola de neve..36

Gisele e Chérie...41

Nas nuvens com os Scorpions..................................44

Não fume!..48

Caça ao tesouro / Áries e Leão.................................52

Onde colocar a cabeça?...55

Vizinhos guardiões na inundação..............................60

Cachorrinha mamãe...63

O Judas..66

Amor de irmãos de fogo..68

Nuno...70

Minha pequena Eva..72

Criança mimada..73

Natal regado pelo povo do prédio.............................75

Folia de Reis..77

Velório..78

Operação no hospital das freiras...............................80

Aniversário de 5 anos...84

Não aponte essa arma 87

Mordida escondida 90

Pedra na cabeça 92

Pai padeiro, mestre da padaria 94

Irresponsável: um dos piores
dias da minha vida 95

... e mulher 99

Minas Gerais 102

Pinhão 105

Menudo 107

Pneumonia 108

Jorge e Caxias 109

Estou de volta 110

Reencontros 112

Primeira bicicleta 113

Queremos mudança 116

Novos ares 119

Viagem para Minas 121

Tio Mário 124

Vó das Dores 127

Corrente 130

Quinze 132

Bodinho 135

Você não vai! 136

O que eu sonhava 138

O Morro das Almas

Numa ensolarada manhã de inverno do começo dos anos 80, nossa mãe, Jurema, e eu, Janaína, ainda com seis meses de vida, estávamos no quintal de nossa casa, que ficava no topo do Morro das Almas. Ela chamava alguém da casa de baixo, que pertencia a minha tia Tássia.

Eu estava no colo dela e fui chamada por alguém que carregava uma máquina de fotografia. Zupt! Um senhor tirou uma foto. Alguns dias depois, ele foi até nossa casa e entregou o material para nossa mãe. Era uma preciosidade. Carinho e paz numa cena de vida cotidiana.

Mesmo com todas as faltas que tínhamos, existia muito amor em nossas casas e a convivência com os vizinhos e amigos era de muita harmonia. Na foto havia vários casebres, uns de tijolos e telhas mais resistentes, outros de estuque, com cobertura mais frágil e barata, para as pessoas morarem. Sobreviver era o lema no Morro das Almas. Mesmo que isso custasse ser silenciado.

O Morro das Almas é onde as lembranças de momentos e de pessoas que desapareceram deste mundo vivem como espíritos que se mantêm presos pedindo para serem ouvidos. Eu sinto que preciso deixar essas almas, que em si são lembranças que pairam em meu viver, falarem. Elas não podem ficar encarceradas comigo no Morro das Almas, então falarei aqui da maior parte delas.

Era um local abandonado pelas autoridades governamentais e uma parte importante de um complexo de favelas situado na periferia da cidade do Rio de Janeiro, a Cidade Maravilhosa. Era uma pobreza violenta. A violência e a pobreza são cotidianas, estão nos corpos, nas vozes caladas, nos dias e nas noites. Na guerra pelos pontos de venda de drogas percebíamos que os traficantes eram divididos em dois grupos: os que apoiavam o chefe de uma quadrilha chamado Índio e os que seguiam o outro maioral, apelidado de Chinês, chefe da outra quadrilha. Trocavam os chefes, muitos deles viravam almas presas ao morro depois de serem mortos. Triste fim da vida.

O ruim mesmo para nós, moradores, era quando as duas quadrilhas entravam em conflito. Tiros, gritos e corpos para todos os lados. Sangue pelos becos, baldes derramados com o líquido da vida. Dor e violência para dar e vender. Mas ninguém ligava para esses problemas do morro, não era realidade dos que tinham direito à segurança pública, os que eram vistos como reais cidadãos da nossa cidade. Nós não. Para nós, só violência e desamparo do Estado. E o "cala a boca" que a sociedade nos impunha para que pairasse no ar o "tudo bem". Ser silenciado, engolir bombas. Um dia tudo explode.

Nesse contexto do Morro das Almas, minha família lá se instalou no fim dos anos 70, num momento de muita patrulha e ignorância humana, mas talvez tenha sido o melhor para todos nós vivermos lá. Nosso avô paterno, o vô Lucas, precisava tratar uma doença e conseguiria isso no Rio de Janeiro.

Ele era uma pessoa bastante geniosa e se achava chefe da vida de todos na família. Ele dava gritos de ordem e agia de forma opressora, além de abusar de crianças e mulheres, que iam a sua casa para serem rezadas por ele. Fingia ser benzedor. Era casado com a vó Das Dores, que era igualmente opressora e maldosa, acumulava comida para si e deixava os rebentos com fome.

Os dois tiveram muitos filhos, um deles era nosso pai. Ele se chamava Manoel, mas seu apelido era Manolo. Ele era uma pessoa egoísta, um embuste. Atraso de vida para qualquer pessoa, fosse amigo, mulher ou filhos. Nossa mãe sofreu. Ele era um ser das sombras, um muro no meio de um caminho de flores.

Meus pais eram primos e vieram do interior de Minas Gerais para buscarem uma vida com mais possibilidades na cidade grande. O sonho do Rio de Janeiro, como se via na TV. Meu pai era descendente de portugueses, padeiro e confeiteiro da melhor qualidade, só não gostava de ter obrigações, e ao conhecer certas novidades, que o deixaram mais longe de suas responsabilidades no Morro das Almas, como as drogas, ficou mais monstruoso.

Já minha mãe era muito ativa e trabalhadora, fazia faxinas, lavava roupa para fora, tudo para manter o casamento falido e os filhos com saúde. Jurema não gostava de ver mesa vazia, crianças sujas ou doentes, por isso se dedicava muito aos filhos e ao marido, que pretendia mudar para ser o esposo ideal. Perda de tempo.

Meus pais tiveram um menino no fim dos anos 70. O nome dele era Jorge, ou Jorginho, para a família e para nossos vizinhos amigos. Era do signo de Leão, um menino bem falante, criativo, desenvolto e grudento. Queria muita atenção e isso era fácil de dar, pois era muito simpático e jovial. Era a alegria das reuniões de família, com tios, tias, avós, pais, amigos e vizinhos. Quando ele fez 2 anos e 7 meses, eu nasci.

Janaína e Jorge

Sou Janaína e nasci quando o Sol estava sob o signo de Áries. Nossa mãe conta que ao chegar do hospital comigo, ao apresentar a nova irmã para o Jorginho, ele quis pegar no colo e carregar o tempo todo, mas ela não deixou, é claro. Surgia aí uma ligação fortíssima entre os dois irmãos do signo de fogo. Ela sempre disse que a nossa sintonia deve ser de outra vida, pois já a partir dos primeiros contatos nós viramos unha e carne. Eu chorava muito quando não via o Jorge e ele queria sempre ajudar a cuidar de mim. Irmãos e melhores amigos.

Para saudar a mãe Yemanjá, meu nome foi dado por nossa mãe. Acredito que Jorge tenha sido para homenagear nosso pai Ogum. Áries e Leão em casa. Eu era uma criança estressada, que queria sempre ficar isolada de muita gente para descansar a cabeça. Jorge era sociável o tempo todo. Destemido e com coragem nos olhos seguia a vida.

Jorginho não ficava doente, mas eu, quando nossa mãe chegou comigo da maternidade, o pai, os tios, as tias e os amigos foram nos visitar, soltando muita fumaça com seus cigarros. Nós morávamos numa casa de telha bem apertada e isso fez com que eu, em poucos dias, desenvolvesse minha primeira pneumonia. Internação e os médicos diziam que eu não suportaria a doença e partiria para o céu em dias. Porém nosso avô Lucas desembolsou dinheiro e conseguiu pagar minha internação num hospital mais preparado.

Eu tinha cabelos ralinhos, e nesse hospital rasparam minha cabeça para pôr soro, o que fez meus cabelos começarem a crescer no mesmo tom do Jorge. Não entendo essa história que minha mãe conta do cabelo, mas acredito. Passei por dias de luta pela vida, com o irmão do meu pai, nosso tio preferido, levando o leite de mamãe na mamadeira para mim. Luciano, ou tio Lulu. O pai Manolo não fazia isso. Era muito sair de casa para levar leite para uma bebê. E assim ele foi deixando responsabilidades de pai para o nosso tio nessa primeira fase de nossas vidas. Nossa mãe e o tio Lulu eram como irmãos, a amizade vinha de longa data.

Em algumas semanas eu estava bem e já voltei ao Morro das Almas para viver com meus familiares e amigos de luta pela sobrevivência. Quando voltei, minha mãe falou que Jorge ficou muito feliz e ajudava a dar os remédios que o médico havia passado para eu retomar as forças depois dessa quase morte. Jorginho chamava a todos para ver a "rimã", que havia voltado para casa.

— Minha *rimã* voltou pra casa! Tá boa de doente! Vem ver! Ela tá bonita!

Família

Nessa toada de guerra, pai irresponsável, mãe se virando para sobrevivermos, vizinhos ajudando, aprendizados no Morro das Almas, fomos crescendo. Eu com problemas respiratórios. Diziam que era frescura, que eu era fraca, uma fresca. Eu não descia os barrancos do morro por medo de cair. O pai Manolo nunca me ajudava a descer os barrancos, mas nossa vida com ele só ia ladeira abaixo.

Manolo tinha uma irmã que era pior do que ele. O nome que demos para ela foi tia Valquíria *Venenosa*, porque nossa mãe cantava a música da Rita Lee: "Erva venenosa". Ela queria chegar a nossa casa e levar o que conseguisse, porque éramos obrigados a suprir o que ela precisava. Como ela acreditava ser a chefe da família abaixo do seu pai, todos deviam servi-la. Uma vigarista!

Mas o pai tinha outra irmã que era o oposto dessa. Para frente, eu diria que até um pouquinho *feminista* para uma pessoa criada no ambiente de opressão em que ela nasceu. Era libriana e dizia tudo o que queria sem medo dos setores cruéis da família. Todos a respeitavam porque ela caía no braço com quem quer que fosse. A tia Marta sempre nos recebia de braços abertos em sua casa. Morávamos todos perto, como em toda favela carioca, e nossa família podia ser encontrada em um conjunto de 10 casas relativamente próximas umas das outras.

Essa tia tinha três filhos, duas meninas e um menino. Ela ficava conosco para mamãe ir ao médico ou procurar trabalho. Jorge a tinha como sua musa, junto à mamãe, e a tia e meu irmão nutriam um amor que eu acho que duraria a eternidade. Ela conversava conosco durante horas, mesmo sendo bem pequenos. E Jorge não sabia ficar um dia sem ver essa nossa protetora. Ela neutralizava as forças negativas da outra tia, a Venenosa.

Tia Marta tinha um filho da mesma idade que o Jorge e eles se tornaram melhores amigos. Ela teve sua terceira filha dois anos depois de eu nascer. Essa menina e eu ficamos bem ligadas como boa companhia de infância. O menino se chamava Rodolfo e ela, Tereza. A menina mais velha era nosso norte no que diz respeito ao nosso convívio. Ela se chamava Talita.

Eu era sensível, mas reagia a tudo com uma forma enérgica com todos, logo, ninguém tirava farinha comigo. Só sabíamos que tínhamos que nos relacionar com muitas pessoas no morro, mas não podíamos ter contato algum com os traficantes. Mesmo bem pequenos, ensinaram-nos que isso seria bem perigoso. Então o começo da nossa infância foi bem protegida pelos nossos pais e vizinhos, que nos mantinham longe de encrenca.

Mas éramos envolvidos em guerras e conflitos deles. Mesmo não tendo relação com seus problemas, morávamos em suas áreas de atuação, devíamos aceitar isso e nos calar. Tudo sufocante. E acho que por isso fui criando uma "estátua de sal", como ouvi na missa, dentro de mim, pois queria resolver todos esses nós na garganta, esses "Você não viu nada!", "Você não sabe de nada!", "Não fala nada!". Foram muitos "Engole o choro!", "Nada tá acontecendo!", mas sabemos que muito aconteceu e acontece.

O Paraíso

— Olha este livro aqui! Mostra onde foi o Paraíso! — disse Jorge sorrindo, intrigado, chamando-me para ler com ele.

— O Paraíso da Cobra? Da maçã que o padre falou naquela missa?

— Ele fica entre os rios Tigre e Eufrates.

— Mesmo?

Eu achei tudo muito divertido. Ele também. Tínhamos poucos anos e era quase no fim dos anos 80. Vivíamos em um local discriminado da sociedade carioca, como todas as favelas e morros dessa grande cidade. ***Morro das Almas.*** Morro das minhas lembranças mais profundas. Eu sinto que preciso deixar essas almas, que em si são lembranças que pairam em meu viver, falarem. Quando era pequena, sentia as almas pelos becos. Cada dia, mais almas, todas juntas, choro, grito, sangue no chão. Caos no Morro das Almas.

Assim vivíamos com nossos pais, Jorge e eu. Éramos pessoas opostas quanto à descoberta do mundo. Jorge era mais ousado e fisicamente mais forte, rápido e audaz. Eu era forte intelectualmente. Gostávamos de ler juntos, descobrir novidades.

Nos livros encontrados por nós havia algumas indicações de onde era o Paraíso e meu irmão concluiu que seria perto dos rios Tigre e Eufrates, só que não sabíamos o que isso queria dizer e perguntamos para minha mãe quando ela chegou das faxinas que fazia para nos sustentar.

Mas ela não sabia nos dizer onde seria o paraíso e onde seriam esses rios. Não sabíamos também se nossa conclusão era verdadeira, mas adorávamos discutir o que líamos nesses livros, que minha mãe dizia serem religiosos. Porém não ligávamos muito para isso. Para mim eram histórias de pessoas que viveram antes de nós.

— Jorge, você acredita mesmo nessas histórias de Paraíso e de Adão e Eva? — perguntei, deitada na minha cama, que pela manhã era nosso sofá.

— Sei lá! É bom pensar nisso — respondeu meu irmão de forma curiosa e sonhadora, com seu ar sonolento da noite.

Dormimos após essa demanda do Paraíso. Ter a companhia um do outro e dos nossos companheiros de Morro das Almas fazia mais agradável o viver. Apesar de nos sentirmos contentes com a vida, não com o local onde morávamos, éramos felizes com as pessoas que nos cercavam.

A estátua de sal

No dia seguinte, fomos ler outro livro da coleção e vimos a imagem de uma estátua de uma mulher olhando para trás, e o local de onde ela tinha vindo sendo atacado por bolas de fogo vindas do céu. Descobrimos que era uma mulher que havia desrespeitado uma lei: a de seguir em frente e não olhar para trás. Ela fez isso e ficou presa naquela situação. Também ouvimos essa história uma vez em que nossa mãe nos levou à missa.

— Nossa, Jorge... Olha que história triste! Ela virou pedra! — Eu me choquei bastante com a situação da mulher, que não conseguiria mais seguir em frente.

— Ela virou para trás e parou a vida — disse meu irmão, tentando esclarecer o fato para mim.

Essa descoberta nossa nos deixou bastante intrigados, pois como ela poderia ter ficado presa ali? Era um lugar de dor e morte, e ela deveria ter pensado em sua vida, deveria seguir em frente. Mas eu acho que ela precisava entender o que se passava, pois ouvia os gritos de socorro de seus irmãos em sofrimento. Ela sentia algo que ninguém que a acompanhava sentia: ela vivia a dor do outro. Isso devia ser raro na sociedade em que vivia, onde os considerados à margem da sua sociedade deveriam ser destruídos. Ela sentia a energia que vinha do fundo de suas almas.

Quem sabe eu, sentindo-me como estátua de sal do Morro das Almas, deixe sair as lembranças em forma de texto e alivie o peso que paira em meu viver?

Uma garrafa por um pintinho

Voltando ao começo dos anos 80, quando éramos bem pequenos, ouvimos um megafone falar a frase mágica:

— Uma garrafa por um pintinho! Uma garrafa por um pintinho! — repetia o homem do carro no pé do Morro das Almas, com seu veículo cheio de objeto do desejo de várias crianças descalças, que corriam para pedir às mães suas garrafas de guaraná ou cerveja já usadas.

Meu irmão Jorge, com 6 anos, nossa mãe, Jurema, e eu, com 4 anos de idade, vínhamos juntando garrafas de guaraná para trocarmos por nossos sonhados pintinhos. Então corremos para onde o carro estava com a felicidade de quem vai encontrar amigos num dia de sol.

— Bora! Peguem as garrafas! Não esqueçam os chinelos! Ninguém sai descalço daqui! — disse nossa mãe, dando as coordenadas para a gente se preparar para ir para a Grota, o final do morro.

O homem do carro estava longe de nós, pois morávamos no topo do morro, porém de lá dava para ouvir a voz do locutor, que nos chamava para um dia feliz. A felicidade era simples e ao mesmo tempo grandiosa, era feita de cada segundo de vida, de paz, de união familiar, de dias de sorrisos e de calmaria. Ela vinha de nós e não do que achávamos que tínhamos, como eu via nos filhos dos vários patrões da minha mãe faxineira. E pela felicidade de correr para pegar nossos pintinhos, descemos o morro correndo. Nossa mãe, com a sacola cheia de garrafas, e nós na frente, vendo várias outras crianças também descendo as vielas daquele local silenciado por uma grande parte da sociedade.

Era rápido descer o morro. Em dez minutos mais ou menos conseguíamos completar o percurso. O problema era subir! Mas não ficávamos preocupados com o esforço que faríamos para nos deslocar. O importante era sair e entrar no morro com paz e tranquilidade, o que era raro naquela época, já que grupos distintos de quadrilhas de traficantes lutavam para tomar conta das bocas de fumo. Tínhamos que encontrar brechas nesse tumulto de bandos em guerra para podermos continuar vivendo em paz e cultivarmos nossas esperanças todos os dias.

Descemos o morro olhando o Cristo Redentor ao longe para encontrarmos o homem dos pintinhos. Nossa mãe nos ensinou a rezar para o menino Jesus e para Nossa Senhora a fim de nos ajudarem em nossas vidas. Olhávamos o Cristo e pedíamos para que tivéssemos a oportunidade de termos nossos bichos em nossas mãos. E a fé nos ajudou! Conseguimos trocar as garrafas pelos pintinhos. Eu peguei um fofinho e fui levando; meu irmão também, e minha mãe ficou com mais alguns. Começamos a subir o Morro felizes e devagar, pois era cansativo.

Chegamos numa parte bem aberta, com casas, casebres e vendinhas em volta, no topo, perto de onde morávamos. Fazíamos festas e encontros ali, nós, os moradores, com nossos vizinhos e amigos de outras partes do morro; e no local também havia guerra entre os traficantes. E justamente quando chegávamos lá, vários homens armados apareceram.

Eu fiquei olhando um homem que eu nunca tinha visto, sem blusa, de boné e arma em punho. Várias mães pegaram seus filhos e correram pelos becos. A nossa nos agarrou e correu para uma casa que estava aberta, pois não tinha porta, com outras mães e seus filhos também. Era uma casa pequena, o que fez nossas mães nos colocarem atrás delas. Pegaram uma porta de armário solta e colocaram na abertura para a rua.

Eu via nossas mães segurando a porta com as mãos e começamos a ouvir tiros e gritaria. Homens correndo, gritos horríveis. Só pensava em rezar, pedir que houvesse proteção para nós e abrigar o pintinho em minha mão. Olhava para cima da porta de armário com as nossas mães nervosas e via que tinha luz lá fora, pois estávamos num escuro profundo e amedrontador dentro daquela casa onde eu nunca tinha entrado.

A luz me fez ficar sem medo e continuei a rezar, deixando o desespero de lado. Com meu bichinho no colo, fiquei olhando só para ela, acima de nós. Rezava para Nossa Senhora, linda, que sempre via nas igrejas católicas que frequentávamos, além de vê-la linda de azul, como mãe Iemanjá, nos terreiros em que íamos. Acho que ela ouviu, pois mandou nossas mães para nos proteger. Elas estavam agoniadas, segurando a porta de armário com os braços e nos protegendo com seus corpos. Aflição é pouco para o que elas deviam estar sentindo, pois compreendiam o que estava acontecendo.

Eu não estava entendendo nada. Ouvia tiros normalmente, mas ficávamos em casa brincando, cantando com o rádio nas alturas nesses dias. Nunca havia ficado tão perto de algo assim e nem com tanta violência.

Ouvíamos muitos gritos e tiros, e não podíamos sair. Isso me fez ficar olhando com cada vez mais intensidade para cima. O calor foi aumentando e uma criança começou a chorar. Era um menino bem pequeno. O choro foi aumentando e algumas crianças começaram a chorar juntas. Eu ia começar a chorar quando nossa mãe me puxou para ela. Meu irmão já estava no colo dela. Era bom nos sentirmos seguros com ela.

O barulho foi parando. Os traficantes que sobraram foram brigar em outro local longe dali, então as mães tiraram a porta de armário e a luz ficou mais forte. Todos começaram a correr para suas casas com suas crianças. Eu vi o chão cheio de rastros de sangue e minha mãe nos agarrou com toda a força para que nós não víssemos o que havia caído nele. Para mim era algo ruim, mas não entendia o que era. Não vi os homens no chão, mas meu irmão viu e gritou:

— Mãe! Tem cara no chão!

O local estava cheio de jovens mortos ou quase mortos crivados de bala. Sangue escorrendo dos corpos para pintar o chão de vermelho. Tivemos que pular por eles e pisar sem querer no sangue que escorria como nascente d'água. Isso me deu um misto de medo e de constrangimento, pois nós estávamos desrespeitando os corpos e o sangue daqueles garotos. Não queria pisar em nada, mas não tinha como não o fazer. Eu queria somente olhar para cima e esquecer que estávamos ali.

Conseguimos chegar em casa com a luz do céu nublado daquele dia de guerra. Não era tão longe do lugar onde houve as mortes, mas dava para se esconder de tudo ali.

Nessa energia de fuga, nossa casa ficou fechada. Tudo em silêncio. Tenso, trêmulo e angustiante o dia. Almoçamos pouco. Ficamos com medo. Eu queria cuidar dos pintinhos, então mamãe e meu irmão foram me ajudar. Fizemos uma caixa de papelão grande para que eles pudessem dormir. Mamãe colocou milho num pote e água num outro. Ligamos o rádio e a televisão. Nada sobre o que passávamos. Não interessava a ninguém. Pensei: "Estamos sós". Mas algo tinha que ser feito. Eu sentia revolta. Nós queríamos somente ficar em paz.

Uma de nossas tias veio nos dizer:

— A quadrilha do Chinês foi expulsa do Morro das Almas e perto de onde vocês estavam escondidos naquela hora se encontravam 25 homens mortos.

Não sabíamos se esse número de pessoas mortas era correto, mas isso nos assustou. O terror tomou conta de nossa mãe e entendemos que deveríamos sentir algo ruim também. A partir desses acontecimentos, todas as pessoas do morro passaram a conhecer o local como Praça dos Mortos.

Passamos a tarde com nossa mãe lendo historinhas para nós, comendo biscoitos, tomando leite e cuidando dos pintinhos. Nossa mãe leu uma história que guardo comigo até hoje, chamada "O soldadinho de chumbo", em que havia a bailarina e o soldado com uma perna só. Eu me identifiquei com a história, não sei bem o motivo, mas eu pedi várias vezes que ela a lesse para nós; meu irmão também gostava de ouvi-la. Imaginar um mundo diferente do que vivíamos sempre nos ajudou a não prestar muita atenção no que se passava em nossa comunidade, cheia de pessoas boas e com vontade de viver em paz.

Eu queria aprender a ler, esse era o meu objetivo maior; e depois escrever para poder guardar o que eu pensava e sentia. Queria entender o que se passava conosco e contar, para quem não morava ali, o que passávamos. Mamãe nos disse que não podíamos falar nada sobre isso a ninguém, que se falássemos, podíamos morrer como aqueles traficantes da guerra. Sentia--me sufocada. Mesmo pequena sentia que alguém tinha que nos ajudar, tinha que nos ouvir. Mas não havia ninguém. O que precisava fazer era aprender a escrever e usar a escrita para desabafar.

Comecei com os desenhos. Desenhava senhores diferentes dos que via onde morava. Queria ver pessoas fora dali. Estávamos fechados naquele ambiente em pólvora, pronto para explodir. Assim, percebi que tinha que lutar para sobreviver e não acabar como aquelas pessoas, destruindo-se entre si. Na verdade, queria estar longe daquilo tudo. Como não podia ser fisicamente, seria mentalmente, com livros e com as imagens que eles traziam para minha cabeça. Isso me dava vontade de descobrir coisas novas, mundos novos, pessoas de paz. Pedia a minha mãe para ler histórias e ficava recontando para mim mesma, para meu irmão, que me ajudava a contar aos nossos pintinhos e a nossa cadela pastora alemã chamada Chérie.

Nesse dia em que pegamos nossos pintinhos, minha mãe nos ajudou a cuidar deles. Nós ficamos com medo de sair de casa por alguns dias. Eu não queria colocar os pés no chão por causa do sangue que vi e pisei. Tremia e chorava só de pensar naquele sangue todo. Durante vários dias, mamãe teve que me levar no colo quando saíamos.

Lembro-me de que no dia seguinte ao conflito, por causa das mortes, a polícia foi lá. Não podíamos falar com os policiais, tínhamos que nos esconder deles, pois sabíamos demais, como mamãe disse. Pensei que eles podiam nos ajudar, mas não era isso. Eles foram lá para recolher os corpos com carros grandes. Pensei que alguém podia nos ajudar naquele dia, mas com o tempo vi que somente nós poderíamos fazer isso, lutando para ter uma vida melhor.

Foi isso que me motivou a viver e a procurar pontos de equilíbrio que me garantissem paz momentânea. Aprender a ler e a escrever, poder dizer o que penso e registrar minhas palavras também, não escondendo o que passamos, é realização interior.

Escrever é alívio!

Médico ou mágico?

Passados alguns dias da chacina da Praça dos Mortos, a vida tentava voltar ao normal. Com meus 4 anos, nossos pintinhos piando muito e correndo pela casa, senti um medo absurdo de tudo. Vi aqueles pontinhos amarelos vindo em minha direção e gritei muito, acordando a todos. Manano, como chamava meu irmão, foi lá correndo para brincar com os bichinhos e começou a falar alto. Ficou feliz ao ver aqueles serezinhos correndo.

Ele era uma criança adorável, já eu era uma criança amedrontada, e depois daquele dia fiquei pior. Lembrava a todo o momento do sangue no chão e não conseguia colocar os pés para fora de casa. Sentia um terror imenso e as imagens daquelas horas de dor foram me torturando. Mamãe nos deu café com pão e cuidou dos pintinhos. Meu pai foi para a rua, como sempre fazia. Não sabia qual era o dia da semana, sei que era um dia ruim.

Após o dia da chacina, a polícia chegou com repórteres com caderninhos e canetas em punho, que queriam saber o que havia acontecido. Tínhamos medo dos dois, pois sabíamos que se falássemos algo sobre o ocorrido poderíamos ser mortos também. O sangue ainda estava secando no chão. Eu estava no colo de mamãe, que passou correndo e de cabeça baixa para ir à casa de minha vó. Ela queria pedir ajuda porque eu estava sem querer botar os pés no chão.

— Vamos andar, Jana! — chamou Jorge, para que eu andasse na casa da nossa avó.

— Não! Tô com medo! — respondi choramingando.

Lembro que sentia um tremor muito forte, falta de ar, um medo enorme e não conseguia pisar no chão. Acho que estava com pavor dos litros de sangue que estavam espalhados por nossas vielas. Meu irmão tentava me fazer caminhar sem medo, mas não conseguia. Estava muda e com muita tremedeira. Mamãe nunca tinha visto isso em uma criança, mas não podíamos sair do morro, pois estavam apurando o ocorrido.

— O que essa menina tem? Eu, hein! Nunca vi isso! — falou indignada nossa avó, com sua maldade de sempre.

— Só quero descer o morro pra levar a menina ao médico — respondeu nossa mãe, nervosa.

Mas ela sabia que poderia ser importunada por jornalistas ou pela polícia. Como meu pai não se prontificava para ir ao posto de saúde com ela para cuidar dos filhos, ela sempre tentava se virar sozinha, mesmo com todo o movimento pelo morro.

Não houve quem falasse com a polícia nem com os jornalistas, que tinham como respostas o silêncio e cabeças baixas. Não havia modo de tirar palavras dos nossos pais, vizinhos, tios etc.

Não aconteceu nada com ninguém da minha família. Nem conhecíamos os jovens que foram assassinados naquele confronto tão cruel, mas estávamos muito assustados. Eu sentia a dor das pessoas a minha volta, sabia que meus parentes e vizinhos estavam muito temerosos do que poderia acontecer com qualquer um de nós e como falar sobre o que houve com as crianças. Era difícil viver no Morro das Almas.

Voltamos para nossa casa depois de visitar nossa avó. Minha mãe tentava conversar comigo para que eu colocasse os pés no chão e levantasse da cama, mas nada adiantava. Fiquei assim por mais um dia, olhando os raios do sol entrarem pela porta de nosso lar, que estava aberta, para que eu ouvisse as outras crianças brincarem no nosso quintal com nossos pintinhos. Porém eu não queria saber de nada disso. Não entendia o que estava sentindo, só sabia que tinha muito medo.

— Jana, tá ouvindo as crianças brincarem lá fora no quintal? — disse minha mãe. — Vai lá brincar com elas! Tem sol! Tem pintinhos!

— Tenho medo!

E eis que um adulto chega com o jornal mostrando o que havia acontecido em nosso larguinho de festas. As fotos mostravam vários corpos estirados, várias vozes caladas de pessoas que começavam a vida e tiveram arrancadas suas almas. Saiu também a foto da árvore do quintal do meu avô com um corpo embaixo, o que me fez ficar mais assustada ainda. Aquela árvore era onde brincávamos de nave espacial. Não entendia o motivo de nada nem queria mais entender. Queria chorar, mas as lágrimas não saíam. Só ouvia as pessoas falarem comigo e eu respondia com lamúrias de querer ir embora. Para onde? Não havia como.

Mamãe me pegou no colo quando tudo estava mais calmo e me levou para a urgência médica que havia perto do morro. Era pública e estávamos acostumados a ir lá sempre. Estava com chinelos novos, que ela havia comprado com o dinheiro de uma faxina que fizera, mas eu não colocava os pés no chão. Havia um cansaço muito grande e uma vontade de ruir de medo.

O primeiro médico disse que eu deveria ir para um hospital maior, pois não tinha como fazer exames em mim. Assim, entramos em uma ambulância e eu esqueci meus chinelos novos no chão da clínica. Eram bem bonitos, vermelhos, como eu adorava usar.

Meu pai apareceu na ambulância. Não entendi o que aquele cara fazia ali. Acho que foi só para aparecer para os vizinhos, como se fosse um pai presente. Mas ele não me enganava.

— Até que enfim você apareceu! — falou nossa mãe para meu pai, que estava com cara de quem estava tomando uma "água fresquinha" em um bar. — O Jorge ficou com a Marta, né?

— Claro. — Ele era uma pessoa de poucas palavras com a família, mas com os amigos de arruaça falava muito.

Chegando ao grande hospital público de um bairro próximo ao nosso, um médico muito simpático veio me ver. Fiquei perto de outras crianças com outras doenças, porém não estava doente, pensei. Esse médico vinha sempre nos ver. Mamãe estava perto para me auxiliar e pai sumiu pelos corredores. Tudo o deixava irritado. Só que eu queria esquecer tudo, até ele que se mostrava sempre nulo em nossas vidas. Eu queria ajuda.

Senti um respeito e um apoio enormes daquele médico, que trazia uma confiança energizante para mim. Sempre senti a energia das pessoas, vibrando junto. A dele era de que eu sairia daquele estado de medo o mais rápido possível. E assim passamos o dia no hospital. Lembro-me de que ao final do dia, esse médico veio conversar comigo. Falamos sobre vários assuntos, dos quais não me lembro bem. Sei que ele me deu uma confiança enorme e finalmente eu coloquei os pés no chão, parei de tremer e respirei mais calmamente.

Não me lembro de uma palavra da nossa conversa salvadora.

Fiquei dias pensando naquele médico como um mágico das histórias que víamos na TV ou que mamãe contava. Ele me fez ver que eu precisava seguir em frente, mas não sei como ele fez isso. Sei que aprendi que as palavras têm poder, já que ele não havia me dado remédio algum. Palavras curam e eu poderia me ajudar assim.

Obrigada aos médicos que têm a magia de curar com remédios ou com palavras. Assim, pude subir o morro outra vez para continuar a vida, sem meus chinelos novos, mas cheia de confiança.

Bola de neve

Adorávamos brincar com os bichinhos de nossa vizinha do lado. Era uma família muito simpática, gentil, de pessoas muito solidárias e amigas. Pai, mãe e cinco filhos muito legais. A mãe ajudou quando cheguei da maternidade quando eu estava com pneumonia. Chamava-se dona Paquinha, como todos gritavam ao seu portão. Seus filhos tinham inúmeros bichos, como patos, gansos, gatos e cachorros. Havia o Bola de Neve, um filhotinho de cachorro de quatro meses que a filha mais nova deles havia ganhado.

Era um bichinho lindo, com um pelo branquinho e um narizinho preto. Lembro muito bem da maciez dos pelinhos do bebezinho, pois brincávamos com ele em frente a nossa casa.

— Jana, olha o Bola de Neve!

— Tá vindo lá, Jorginho! — eu gritei ao ver aquela bola de fofura.

A dona era uma adolescente e amava o Bola de Neve como se fosse seu bebê. Acredito que tenha colocado esse nome nele por causa das propagandas de Natal muito americanizadas, com o Papai Noel cheio de casacos vermelhos e rodeado de neve. Era um sonho de Natal perfeito que nos mostravam nas tevês, querendo nos fazer acreditar que o nosso era sem valor, que precisávamos do que estavam nos oferecendo. Nossas festas eram muito simples e felizes, sem a inalcançável imagem de felicidade que nos vendiam. Mas sabíamos o que era neve pela TV e o cachorrinho era nossa representação de gelo branco.

Todos os dias, o bichinho deitava no portão da dona Paquinha para pegar o sol da manhã. Parecia uma bolinha de neve mesmo. Nesse ritmo de manhãs, acordávamos, tomávamos café e íamos logo brincar com ele. Era um grande amigo e cabia em nossos colos, mesmo sendo bem pequenos. Adorava pegar aquela bolinha e cantar para ele. A retribuição de amizade vinha com o pequeno rabinho branco batendo quando nos via, os pulinhos de felicidade e as lambidas que lambuzavam nossos rostos. Era um brincalhão! Vários vizinhos vinham brincar com ele, já que era muito boa praça e se comunicava com todos. Mal sabia ele que o que o fazia popular era exatamente o que o faria ter problemas.

Tia Valquíria também deixava seus filhos passearem nos becos e ruelas pela manhã. O pequeno dela viu nosso Bola de Neve num dia frio de manhãzinha tomando sol. Era um solzinho reconfortante e o filhotinho adorava, como nós, esquentar-se. A bolinha branca no chão cheia de pelos macios, os olhinhos inocentes e o rabinho balançando quando viu meu primo David, de 5 anos, chegar perto. O primo olhou-o com desprezo, deu uma corrida para trás para pegar impulso e chutou o bichinho como se precisasse destruir uma vida para ficar contente. Ele voou um pouco e estourou no chão, vertendo sangue por vários locais do seu corpinho felpudo. Tristeza profunda isso tudo.

Ouvimos de casa um sonoro grito do nosso Bola de Neve, como se ele pedisse ajuda dos anjos que víamos na igreja próxima a nós. Estávamos tomando café. Vários vizinhos saíram para ver o que tinha acontecido com o amigo de focinho e olhinhos alegres. A dona do cachorro veio correndo e viu seu querido filho no chão agonizando e sangrando sem parar. Foi uma cena muito triste.

Quando chegamos, o cachorro estava caído, sentindo dor. Seu pelinho estava vermelho de sangue e nosso primo estava parado perto com um sorriso de ironia. A pouca idade não podia esconder seu olhar cruel. Ao ver o Bola de Neve no chão, choramos compulsivamente junto à dona dele, que ficou lá tentando ajudar o filhotinho. Não sabia o que tinha acontecido. Meu primo ficou em silêncio vendo a tudo.

— Eu vi o que houve! — disse Nando chegando até nós. — O David deu um chute no cachorrinho!

— Cadê a mãe e o pai dele?! — gritou dona Zefinha, outra vizinha.

David tentou correr para se esconder, mas Jorge não deixou. Outros vizinhos foram chamar a mãe dele. Sabíamos, como família, que não daria em nada, mas era necessário. Ela chegou, pegou seu filho e ouviu bem pouco o que as pessoas falaram. Os vizinhos tentaram mostrar a ela que deveria ver a crueldade que o rebento acabara de fazer. Porém parecia que a maldade fazia parte da minha família e minha tia falou um sonoro:

— Que é isso gente?! É só um bicho! — Deu um sorriso tranquilo e emendou: — David é uma criança!

Nossa! Com meus 4 anos, participar dessa cena me fez encarar a crueldade humana de forma drástica mais uma vez. A dona do Bola de Neve era só lágrimas, seus pais e irmãos tentavam salvar seu cachorro e foram fazer chá.

Enfim, sentíamos uma tristeza enorme por tudo. Choramos muito e abraçamos a nossa vizinha adolescente, que não queria vingança, queria tratar do seu bichinho. Alguns vizinhos deram água com açúcar para ela e minha mãe nos deu água também. Um deles pegou o Bola de Neve num paninho. Seu choro era de cortar o coração de todos os sensíveis presentes; digo isso porque minha tia pareceu nem se importar. Minha mãe não falou com ela, mas alguns vizinhos tentaram dizer a ela que o fato era grave, mas ela deu as costas e se foi.

Gostaria de entender só um pouquinho o que aconteceu lá naquele dia. Minha mãe sempre nos disse que se não gostássemos que uma coisa fosse feita conosco, não podíamos fazer com os outros. Se isso fosse feito com o meu primo, o chutão que ele deu no Bola de Neve, que o fez estourar no chão, qual seria a reação da minha tia? Ela não sentiu nada pelo bichinho lindo e amigo? Esse seria o *carinho* que ele sabia fazer? Fiquei muito triste na época. Tinha medo dos atos cruéis das pessoas.

Ficamos fazendo companhia a nossa vizinha de 13 anos, com o bichinho sangrando muito. A vida do Bola de Neve acabou em minutos. O chá não surtiu efeito. Choramos demais com tudo e a dona do bichinho foi falar com a minha tia sobre a maldade feita e o bichinho morto, mas ela recebeu como resposta:

— Isso é coisa de criança! Não foi nada!

A menina, chorando, falou:

— Isso não é coisa de criança! Nunca fizemos isso! Seus sobrinhos, filhos da Jurema, também não. Você não entende?

Realmente, ela não entendeu, nem nunca quis compreender. Deu as costas novamente e continuou a não fazer nada. Os humanos sendo desumanos. A vizinha foi chorar seu morto. Sangue na frente das nossas casas mais uma vez.

Nossa mãe não queria deixar a menina sofrendo e foi ajudar. Precisávamos de um local para enterrar o Bola de Neve, então oferecemos o nosso quintal para dizer nosso *adeus* ao amigo de pelo. Minha mãe fez uma cova enquanto ficamos com a menina chorando diante do corpinho ensanguentado. A vizinha adolescente não aguentou ver seu cachorro ser enterrado, assim nós fizemos o enterro — minha mãe, meu irmão, alguns vizinhos e eu.

Foi o primeiro sepultamento de que eu participei. Fizemos um embrulho de fralda de pano e colocamos o corpo do filhote. Depois, minha mãe e um vizinho colocaram o bichinho em seu túmulo e em seguida fecharam com terra. Ouvíamos a menina chorar de dentro da casa dela, desconsolada. Precisávamos pedir paz para nossos corações com rezas. Meu irmão não sentia raiva do meu primo, mas eu fiquei sem perdoá-lo por um bom tempo. Ele era perigoso, mas meu irmão não entendia isso. Dizia que ele era da família, que eu devia sorrir para ele e brincar junto. Não conseguia. Lembrava-me sempre que o encontrava que ele havia matado o cachorrinho e que tinha feito muitos sofrerem. Isso foi por alguns anos. Sempre fui estátua de sal.

Rezamos por um tempo para São Lázaro, como mamãe nos ensinou. Pedimos que ele recebesse a alminha do nosso amigo tão querido, que curasse nossas dores e que ele perdoasse nossas faltas. Isso nos fez ficar mais calmos, deixando a raiva de lado. Eu, como representante do signo de áries, descontei minha raiva em meu primo por um bom tempo, dando respostas ruins e o ignorando. Não queria ter contato com ele, só o necessário, e olhe lá. Eu também cresci humana. Desculpe, São Lázaro.

Gisele e Chérie

Nossos avós tinham duas cadelas pastoras alemãs que brincavam muito conosco. Uma era Lessie e a outra, Ramona. Lessie não gostava que nossas mães brigassem conosco e comia as sandálias delas para que não pudessem jogar nas crianças. Era uma mãezinha e talvez nos visse como filhotes. Fazíamos as duas de cavalinhas e passeávamos pelo quintal da casa do vô.

Eu não entrava muito na casa de nossos avós; eu achava meu avô sinistro. Tinha medo dele. Quando via, logo queria correr ou gritar para ficar longe. Sorte ter percebido isso, pois nos contaram que ele abusava de crianças e mulheres. Um dia, mamãe foi ser rezada por ele e percebeu que estava alisando seu corpo. Outras disseram que ele tinha sido abusado na hora de rezar e não voltaram mais. Nesse contexto, eu nunca ficava perto dele, nem Jorge. Mamãe não deixava. Por isso, quando íamos para lá, ficávamos do lado de fora da casa. O vô não conseguia se locomover muito e permanecia em sua cama ou em seu sofá, não indo muito para a rua. Então ficar no quintal com as cachorras e as galinhas era o que fazíamos.

As galinhas eram muitas, não sabia os nomes de todas, só sei que tinha medo delas. Elas nos bicavam quando chegávamos e corriam atrás. Acho que em um ambiente hostil até os bichos se tornavam violentos. Nosso primo que matou o Bola de Neve batia nas galinhas e maltratava os pintinhos. Acho que elas reagiam de forma violenta quando viam crianças. Eu sempre corria delas.

Todos me chamavam de "fresca" porque eu era muito sensível, e eu logo percebi que era diferente. Deixava claro quando não gostava de algo e batia de frente com todos se me sentisse atingida. Entendia que era necessário reagir, mostrar o que fazia mal. Acho que as galinhas faziam o mesmo.

Tínhamos uma galinha, a minha Gisele, e o galo do Jorge, o Soró. Eles eram branquinhos e não nos feriam. Mamãe nos ensinou a amar os bichinhos e a tratar bem. Gisele vinha no colo e eu tentei ensiná-la a voar, mas não consegui. Meu irmão também tentou com o galo dele, porém nada feito. Mas eles se divertiam com a gente. Brincávamos muito com eles e nossa cadela Chérie. O nome dela foi dado por mim. Não sei de onde tirei essa forma de tratamento francesa do meu repertório de palavras. Acho que devo ter visto na TV.

Chérie era do meu pai. Nosso avô deu para ele uma filhote de pastora alemã, filha da Lessie. Era amarelinha e muito esperta, mas mamãe queria que ele cuidasse dela, o que ele não fazia. Ela fugia e corria para bem longe. Chamávamos o pai, que saía resmungando. Voltava com ela bem cansada porque chegava quase ao topo de nosso morro, local onde os traficantes dominavam e era bem perigoso andar por lá. Chérie queria desbravar os locais do Morro das Almas.

Soró e Gisele queriam mais ficar próximos a nós. Eram bem grandões. Isso chamou a atenção de um vizinho nosso, que raptou minha querida amiga galinha. Ele devia estar com fome e tentou matá-la dando um remédio para febre de criança com refrigerante. Só soube disso bem mais tarde na minha vida, mamãe contou bem depois. Quando dei falta da Gisele, ela disse que tinha vendido com o Soró. Sim, ele fora vendido para que tivéssemos como comprar feijão. Estávamos sem grana.

O pai era um excelente padeiro de tradição portuguesa, mas não gostava de trabalhar. Sempre fazia algo para ser mandado embora das padarias. Chegava a ser mestre dos padeiros porque sabia muito, mas sabotava essa chance e abandonava tudo.

Assim foi o que ocorreu com a nossa Chérie: o pai não deu conta das responsabilidades e deu a cachorrinha para o açougueiro do morro. Acho que ela ficou muito feliz, pois quando passávamos pela outra casa dela, víamos que estava bem alimentada e ficava contente aos nos ver. Pulava muito e dava lambidas em nossos rostos.

Nossos bichinhos do começo da vida foram bem marcantes. Eu guardo essas experiências com muito carinho. Não culpo o vizinho por ter comido a Gisele nem minha mãe por ter vendido o Soró para comprar feijão. Culpo meu pai por não querer ter responsabilidade com nada nem ninguém. Mas eles tiveram seus tempos de atuação nesse mundo, os bichos e nós.

Nas nuvens com os Scorpions

Num dia ensolarado e calorento, estava recém-acordada e me sentia bem sonolenta ainda. Estava calminha, como gostava de ficar, já que meu pai estava longe e não poderia nos atazanar com seus desmandos de macho que se achava alfa. Jorginho estava tentando soltar pipas com alguns de nossos vizinhos em nossa laje. Ele nunca aprendeu a empinar pipa. Era uma frustração e ele ficava bastante nervoso.

Havíamos terminado de tomar café da manhã. Nunca faltou leite com chocolate, pão e manteiga. Às vezes tinha queijo, mas era bem mais caro ter em nossa mesa. Em seu começo, os anos 80 foram muito ruins para as camadas mais pobres do Brasil. Só não passávamos fome porque mamãe era filha de Oxóssi e, com isso, trabalhava muito na informalidade para nos sustentar. Lavava roupa para fora, catava jornal, etc., enquanto o pai badalava pelo Morro das Almas, apesar de ser um grande padeiro. Sempre voltava pra casa cheio de fome para comer o que ela preparava, sem ao menos ajudar a fazer ou a comprar os mantimentos. Mas mamãe tinha algo a aprender com isso. Nós também.

Apesar do pai, mamãe tinha uma tara por ouvir música e ver clipes quando passavam na TV. Nós dançávamos ao ouvir

Queen, o grupo preferido dela. Jorginho e eu arrasávamos nos nossos passos ao ouvir *Radio Gaga*. E quando o Ney Matogrosso aparecia, todo pintadinho e lindo na tela, pulávamos nós três de alegria. Era um fascínio! Jorginho fazia os mesmos movimentos que o grande artista brasileiro. Talvez por serem os dois leoninos.

O pai dizia que o cara era gay junto ao Freddie Mercury e que não podíamos gostar deles nem ouvir suas músicas, mas mamãe dava ultimatos nele e a gente continuava adorando esses fabulosos artistas. Eu pensava: o pai é um imbecil, e continuava a jogar meus braços e pernas ao vento com o som das lindas vozes dos dois. Jorginho também.

Nós requebrávamos tanto que por vezes nem ouvíamos os tiros dados pelos traficantes ou pela polícia, que brigavam lá fora. Nossa sorte era que normalmente os conflitos se davam no pé do morro e a gente morava no topo, bem longe. Estávamos um pouco seguros, se é que isso existiu alguma vez no Morro das Almas.

Assim, nesse dia de liberdade e paz, mamãe ficou em casa comigo. Eu precisava pegar um solzinho, então ela me colocou no colo e me levou para a janela. Havia algumas nuvens no céu muito azul. Elas eram bem grandes e branquinhas, muito fofas. Fiquei olhando essas bolas enormes no céu e eis que toca no rádio a música dos *Scorpions*, "Still loving you". Era a primeira vez que ouvíamos. Mamãe, que adorava conversar com a gente, ficou em silêncio para ouvir esse som mágico. Eu também.

Como num encantamento, fomos levadas pelos primeiros acordes da guitarra. Olhei bem para uma nuvem, que foi se tornando uma senhora bem formosa, de vestido, bochechas redondinhas, nariz em formato de bolinha e um chapéu cuia com flor. Ela se tornou parte daquelas notas musicais logo que o vocalista cantou a primeira frase. Que encanto de pessoa estava lá no céu, andando por aquele azul-celeste!

Ela andava em paz, parecia que estava plena de amor e não precisava de ninguém para prover nem gerir esse momento. Era o céu e ela. Os solos de guitarra mais lentos levaram-na para longe de outras nuvens, pessoas que estavam emboladas em confusão. Ela era livre! Senhora de seu caminho na imensidão azul! Estava em harmonia com os instrumentos musicais, a voz sussurrada do cantor e o vento que ajudavam em seu caminhar. Era poderosa!

Mas no primeiro acorde mais forte da guitarra, a batida mais robusta da bateria e a voz marcante do vocalista, eles entraram num momento mais dramático da obra musical, a senhora de nuvem liberta se depara com um tigre. Isso mesmo! Um enorme tigre de boca aberta. Ele começou a perseguir a senhorinha, que nesse momento mudou a aparência do rosto. A máscara do medo tomou posse dela. O pavor a deixou imóvel num primeiro instante, porém suas pernas começaram a correr pela própria vida. Ela subia e descia nas alturas azuis para se manter longe daquela fera destruidora de existências, só que o tigre era mais veloz e, num pulo, abocanhou-a.

O monstro tirou sua vida num acorde mais robusto da guitarra e o vocalista cantou com mais vigor, dando fortes tons de horror ao contar a história para mim. Ela estava caída e sem nenhum movimento. O tigre maligno destruiu seus sonhos, sua liberdade, sua existência. A guitarra chorava com a cena junto à bateria. O monstro felino sentou e ficou olhando o cadáver como se fosse um troféu. Bem orgulhoso, não precisava mais estar naquele local, tinha acabado com o poder de decidir o próprio caminho que aquela senhora tinha em si e, desse modo, desapareceu com o vento.

Logo que o cantor e a guitarra se uniram num som de dor, as outras nuvens se transformaram em pessoas e foram ao encontro da senhora morta. Choravam num coro harmonioso de acordes. Abraçaram seu corpo nuvem ao vento sem vida, num céu azul e sol luminoso. Cavaram ao ritmo da bateria uma tumba para ela e molharam seu cadáver com suas lágrimas. Ela virou pingos de notas musicais e no som dos gritos da guitarra caiu em nós. O morro ficou com seus prantos enquanto os últimos momentos da música exuberante se eternizavam em minha alma de criança aos 4 anos de idade.

Não fume!

Nosso pai era bem distante comigo. Dizia:

— Não sei lidar com menina!

Logo, quase não tínhamos contato. Eu sentia nele uma crueldade infinita, uma arrogância, uma soberba de não precisar de ninguém. Era branco e macho, dentre outros atributos que achava serem chaves para a criação do ser abominável que era. Tratava isso tudo como troféu diante das outras pessoas para se sentir superior, mas não era nada além de uma pessoa que se drogava e não cumpria suas responsabilidades.

Foi durante um tempo o mestre da padaria de um supermercado perto de nosso morro. E era muito bem-sucedido, mas algo o tirava do mundo real e sempre o levava para a autossabotagem, ou seja, a droga. Sempre pedia demissão para ficar zanzando pelo Morro das Almas. Éramos muito pequenos para entender. Enquanto a mãe trabalhava sem parar para nos criar, o pai sempre buscava não cumprir nada do que assumira como trato. Eu percebia a fuga dele da realidade o tempo todo.

Mas Jorge adorava tudo o que ele representava. E ele jogava com esse amor. Eu sempre o queria longe. Evitava, até porque eu não apreciava muito a presença dele. Ele e Jorge eram melhores amigos, porém eu via que ele não tratava bem meu irmão, que era só amores por ele. Meu pai sempre o enganava e ele não se dava conta ou não queria entender. Eu sentia que não podia disfarçar as emoções por ele. Era necessário tentar colocá-lo em seu lugar de irresponsável. Nessas, eu me dei bem em muitas, mas em uma, dei-me muito mal.

Num dia de céu azul e temperatura elevada, o pai queria se mostrar um senhor provedor e cuidador de sua família para alguns amigos com quem jogava futebol na parte alta do morro, local de nossos lazeres, pois havia uma extensão enorme de terreno sem habitações. Talvez por ser tão alto, as famílias que povoaram o Morro das Almas não quiseram lá se instalar. Logo que começamos a vida ali, era muito precária a distribuição de água.

Sem se preocuparem com nada disso, os amigos do pai vieram em bando para conversar em nosso quintal, então, para mostrar as lindas crianças que tinha, fez com que Jorge, leonino muito falante e extrovertido, brilhasse entretendo os carinhas. Eu, ariana que não queria papo com eles, fiquei emburrada. Ai se alguém viesse mexer comigo! Eu desferiria sopapos e mandaria para o inferno. Que audácia! Virem rir de nós!

Vendo que eu estava pronta pra esmurrar um, meu pai me pegou no colo. Não gostava do colo dele, queria sempre o do meu tio preferido, irmão dele, o tio Lulu. Eu fiquei com cara de quem não queria estar ali, enquanto Jorginho fazia todos rirem. De repente, meu pai deu uma baforada interminável de fumaça de cigarro pra cima. Eu odiava aquela fumaça, que me dava asma. Parecia que tinha um gatinho miando no meu pulmão quando estava atacada, por isso chamava de "asma de gato" o que tinha. Todos achavam que era "frescura" eu ficar com dificuldades para respirar. Tive muitos problemas com isso, pois para a família de papai, fumar era ser aceito.

A baforada me deixou mais irritada. Eu percebia que aquilo me fazia mal e ele não entendia. Nem que dissessem pra não fumar perto de mim, ele pouco se lixava, queria fazer o que bem entendia quando desse na telha. Eu fiquei vermelha de raiva. Apesar de pequena, sabia que aquela nuvem que saía da boca dele era nociva. Então, com toda a minha ira, peguei o cigarro dele e amassei a brasa na mão.

O escândalo foi grande. Eu berrei horrivelmente. Tinha 4 anos e senti toda a potência que minha voz tinha. A dor foi muito ruim. E o pior é que ele não entendeu o que tinha acontecido. Mamãe ouviu o meu berro e foi logo me acudir, gritando com ele:

— Seu irresponsável! Manolo, como você ficou fumando com a menina no colo? Me dá aqui ela! — E os colegas de bola do pai foram embora.

Assim, eu queimei a mão direita por completo. Mamãe botou gelo por um tempo. Eu queria mais distância do pai. Que perigoso esse cara! Jorge queria ficar perto de mim e ajudar mamãe a cuidar do ferimento. Chorei muito por horas.

Lembro-me de que no dia seguinte havia uma bolha imensa tomando toda a palma da minha mão. Jorge e eu ficamos olhando sem entender muito bem o que era.

— Dói? — perguntou ele, querendo ajudar, como sempre.

— Dói! Tá grande!

Mamãe deixou alguns poucos dias a bolha de pele da minha mão, e numa manhã, sentou, colocou-me no colo e ficou esperando o pai sair com o Jorginho para a casa do nosso avô. Era melhor evitar que meu irmão presenciasse a cena que se seguiria, pois ele tentaria impedir mamãe de fazer o que ela estava pensando, para me ver livre daquilo que me deixara bastante irritada e arredia com o pai.

Foi conversando comigo até eu mostrar a palma da mão queimada. Ela foi rápida e... Zupt! Estourou com um palito de fósforo aquela imensidão de pele magoada. Eu vi estourada e, como não doeu, não liguei. Mamãe foi mágica! Até ri de felicidade! Que ótimo que acabou aquele martírio! Ufa!

Mamãe limpou o local com álcool e doeu. Chorei, mas não foi de revolta. Foi bom saber que não estava mais com aquela bolha na palma da mão. Virávamo-nos como dava. E assim eu fiquei com ódio de cigarro.

Caça ao tesouro / Áries e Leão

Jorge e eu vivíamos uma relação muito forte. Irmãos que não se desgrudavam nunca. Nasci quando o sol estava já no signo de Áries e ele quando estava em Leão. Mamãe adorava signos, e como boa pisciana sempre viajava ao nos contar sobre os nossos. Como éramos de signos de fogo, ela dizia que formávamos uma ótima dupla. Ela não planejou isso, aconteceu.

Jorge era vaidoso, falante, tinha uma presença encantadora onde chegava, falava com todos, enfim, brilhava e seduzia, mas também humilhava quando queria alguns dos que considerava inimigos. Eu tinha sempre uma opinião forte, se não queria fazer algo não havia ninguém que me convencesse a fazer. Gostava de dizer tudo o que pensava e o fazia sem dó. Chorava muito quando me sentia não pertencente ao local onde vivíamos e quando percebia que convivia com pessoas cruéis, como a mãe do meu pai, o pai dele, irmãos e irmãs e, sobretudo, ele próprio, que para mim era uma pessoa inútil. Eu sempre dizia palavras cruéis para ele também. Ele não me agredia, pois acho que não sabia reagir aos meus acessos de "verdades". Jorge o defendia, mas eu sabia que ele não era uma pessoa de confiança e que não podíamos contar com ele.

Eu sabia que podia contar com o Jorginho em todos os momentos e acho que ele também achava isso de mim. A gente não brigava com agressões físicas, mamãe não deixava, só discutíamos de vez em quando. Nunca xingando um ao outro, só debatendo o assunto. Nossos tios, vizinhos e mamãe achavam interessantes nossos debates. Eu sempre ia ao ponto e terminava com o assunto. Mesmo pequenos demais, tínhamos uma sintonia grande.

Brincávamos muito o tempo todo. Mesmo que estivéssemos com nossos primos e vizinhos, ficávamos perto um do outro. Quando estava frio ou não tinha como sair por causa das guerras, interagíamos em casa, com a porta e a janela fechadas. Tínhamos somente um item de cada em nossa moradia de um cômodo, um banheiro, a laje e um quintal grande com um barranco. Barranco esse que cavámos procurando ovos de dragão ou nos machucávamos ao rolá-lo. Quando caíamos, mamãe vinha com um frasco de mertiolate, que doía mais que o próprio tombo. Credo! Mas sarava em pouco tempo.

Jorge não caía muito, era bem desenvolto e ágil. Eu sempre me estabacava nos barrancos e me sentia inadequada. Todos nós deveríamos ser como meu irmão para nos protegermos nos conflitos armados ou poderíamos morrer. Esse ensinamento era passado dos mais velhos para nós e a maioria seguia. Porém eu sempre precisava de alguém para me dar a mão para descer barrancos, correr, procurar refúgio. E Jorginho sempre estava lá.

— Janaína! Tiro! Dá a mão pra correr junto!

— Bora logo, Jorge!

O que ele tinha de agilidade para se proteger, eu tinha para compreender as situações em que estávamos inseridos.

Uma delas foi num dia bem frio. Tínhamos um jogo de dados que se chamava "Caça ao Tesouro", cujo objetivo era conseguir chegar ao final com os números adquiridos e pegar o tesouro, que era um baú de pirata cheio de ouro. Jogamos umas cinco vezes seguidas com o auxílio da mamãe. Eu ganhei as cinco porque prestava atenção. Ele se distraía muito fácil e não conseguia entender o objetivo. Eu era prática: se era para achar o tesouro, eu procurava encontrar o mais rápido possível.

Eu queria parar, mas Jorge quis que jogássemos mais uma vez para ganhar. Só que eu ganhei mais uma vez. Sem querer, eu acho. Nem ligava se ganhava ou perdia, porém meu irmão só entendia a vitória e não entendia o que estava acontecendo. Estava perdendo pra alguém menor que ele e nosso pai sempre sinalizava que as mulheres eram inferiores, apesar de ele ser sustentado por uma.

Ao ver que perdeu mais uma vez, Jorge começou a chorar compulsivamente e a tentar entender onde havia errado. Mamãe colocou-o no colo e foi conversando para que ele se sentisse melhor e valorizasse o que sabia fazer. Ele mostrou raiva de mim no primeiro momento, depois, com o tempo, foi entendendo que não era culpa minha nem dele, que era só um jogo e que ele era muito bom também.

Ele tinha muita dificuldade em compreender, pois não ouvia, queria fazer tudo da forma dele, o que o atrasava muito. Eu o auxiliava nessa área e ele a mim em outras. Nunca liguei se perdia ou ganhava, queria me divertir, mas ele, de Leão, queria ganhar o tempo todo. Talvez por eu não me preocupar com a vitória eu sempre ganhava, e ele ficava sentido demais.

Onde colocar a cabeça?

Meus 4 anos foram muito agitados. Tenho uma memória muito ativa dessa época. Sim, sempre me lembro de que mamãe ia fazer faxina em várias casas e apartamentos diferentes perto do nosso morro. Como ela era muito boa e responsável na limpeza, as pessoas indicavam para seus conhecidos e ela nunca ficava sem trabalho.

Uma senhora chamada Sandra contratou mamãe. Era muito simpática e tinha duas filhas maiores que nós e bem tímidas. Eu não entendia timidez e tentava puxar assunto, mas elas eram bem arredias. Isso mesmo. Mamãe nos levava para as faxinas já que não tinha onde nos deixar. Eu ainda não estava na idade de ir para a escola e Jorge estava se preparando para ir ao CA. Na época, só podíamos entrar para a rede municipal de ensino quando tivéssemos 7 anos. Então, quando a patroa permitia, mamãe nos levava. Éramos muito obedientes e até ajudávamos mamãe nos afazeres.

Sandra era muito falante. Mamãe adorava ir na casa dela. Ela nos mostrou suas panelas de ágata brancas com alguns pontos pretinhos decorrentes de choques contra a pia ou em outros locais da cozinha.

— Parece o penico da vó, mãe! — Jorge falou baixo pra mamãe.

— Sim! Parece penico mesmo! É do mesmo material! — Sandra disse, pois tinha ouvido bem, a voz do meu irmão era marcante, mesmo ele sendo bem pequeno.

Todos nós rimos da comparação. Sandra era bem alegre e achou interessante quando eu peguei um travesseirinho azul que ficava no sofá da sala. Era bem macio e senti que era geladinho quando eu coloquei no meu rosto. Fiquei um bom tempo com ele. Esse encontro foi mágico. Mas vinha algo mais mágico.

Num momento bem especial do dia, vi as duas meninas se arrumando com uniformes de saias vermelhas e blusas brancas para irem a algum lugar que eu não estava entendendo ainda. A ação foi bem rápida: elas se arrumando, a mãe aprontando os cabelos, minha mãe fazendo a comida e a gente olhando a movimentação frenética desse instante de cuidado.

A menina mais velha corria o tempo todo para dentro do quarto para pegar, em sua estante de livros, algo que havia esquecido de colocar na mochila, também vermelha. Eu entrei lá e achei lindo todo aquele espaço. Havia uma escrivaninha com muitas canetas coloridas, réguas, colas com purpurina, apontadores, borrachas com fotos do Balão Mágico e muitos papéis e cadernos pequenos. Olhei para cima e vi uma estante bem grande com vários livros de tamanhos e cores diferentes. Isso me deixou fascinada. Esse ritual de preparo para ir àquele lugar tão importante que eu não sabia onde era mobilizava toda a família.

Durante o almoço, sentamos todos em volta de uma mesa bem grande, na qual mamãe colocou os recipientes com feijão, farofa, bife, batata frita, salada e limonada. Mãe fazia comida rápido e tão boa que todos que provavam gostavam. Jorge e eu tínhamos muita sorte de termos todos os dias comida boa em casa e nos locais de trabalho dela. A patroa Sandra era muito simples e adorava quando estávamos lá. Colocava a mesa para todos comerem juntos, o que algumas outras pessoas que contratavam mamãe não faziam; deixavam a gente comer bem longe, parecia que não queriam ter contato com gente pobre. Uma pena! Mas Sandra e suas filhas não eram assim.

Naquele dia, em que vi as meninas se arrumando, elas ficaram mudas por causa da timidez; já Jorge, mamãe, Sandra e eu conversamos muito. Eu fiz muitas perguntas sobre o que era aquele momento de encher a mochila e se arrumar para ir a um local que não sabia onde era.

— É a escola! É um lugar muito importante que vocês vão entrar em alguns anos — respondeu a Sandra.

Eu fiquei maravilhada com aquele ambiente de cultivo daquelas meninas. Percebi que havia um propósito bem grande naquilo tudo e que eu queria muito ter também na minha vida. Lembrei-me do meu pai, que não lia, e de muitos vizinhos que não colocavam os filhos para estudar. Não queria isso para mim.

— Mãe, a senhora vai colocar a gente na escola quando? — perguntei ansiosa depois do almoço enquanto ela lavava a louça e as meninas já tinham ido com a Sandra para o lugar chamado *escola*, que ela tanto falou ser nosso lugar também.

— Quando chegar a hora de vocês!

Então eu pensei que seria um caminho ótimo para seguir. Queria aquela movimentação toda também, ter cadernos, canetas, lápis de cor, réguas, colas, livros... Muitos livros! Eu precisava aprender a ler e a escrever! Mãe me dava gibis e dizia para eu ir tentando ver as figurinhas, mas eu queria mais.

À tardinha, terminada a faxina, Sandra me viu com o travesseirinho e foi logo me dando-o.

— Leva pra você! Dorme com ele!

Levei mesmo. Ele se tornou meu companheiro de todas as noites. Noites em que eu tinha muito medo. Era muita gritaria de guerra e conflito pelos nossos becos. Para me desligar disso tudo, colocava o travesseirinho na parte superior da cabeça e fazia de tapa olho, e tapava a orelha também. Era meu momento de fuga. Podia me imaginar longe daquele ambiente violento, com pessoas enchendo suas mochilas de livros e indo de encontro aos seus sonhos de vida. A vida era maior que aquilo tudo que vivíamos. Havia outros caminhos, e me dedicar a melhorar a mim mesma estudando foi se tornando meu objetivo de sobrevivência.

Sobrevivendo, um dia vimos uma publicidade na TV após eu conhecer outras formas de encarar a vida com a Sandra e suas filhas. Nela, havia uma música linda do Toquinho, que depois, quando fiquei mais velha, descobri que se chamava *Aquarela*.

Havia uma caneta que deslizava pelo papel e lá eu percebi que as pessoas poderiam colocar o que pensavam nele. Era encantador ouvir aquela música e imaginar que um dia eu escreveria o que se passava em minha cabeça em milhões de papéis, que eu criaria personagens e suas vidas, daria nomes a eles, além de poder registrar o que acontecia conosco no morro, já que sabíamos que era proibido falar sobre tudo.

Eu entendi bem pequena que para não morrer era preciso não falar sobre nada que víamos, vivíamos ou ouvíamos. Porém, para onde iriam todos essas lembranças do que se passava? Entendi bem cedo que precisava escrever sobre o que sentia.

Mamãe percebeu que precisava de mais papéis para eu tentar escrever, então me deu vários, e mais canetas e lápis coloridos. Sempre me deu isso tudo para que eu ficasse quieta. Esse era meu momento de extravasar. Primeiro fazia rabiscos, que depois se desenvolveram para desenhos. Queria representar locais e pessoas, elementos que eu via na televisão ou nos gibis, dos quais tentava entender as histórias.

Comecei a tentar reproduzir o que via e tentava ler. Lembro-me de escrever um T porque achei fácil, e depois fui seguindo minha mãe, que tentava ajudar o Jorge quando ele entrou para o CA na escola. Ele tinha muitas dificuldades e ela tentava ajudar. Eu era mais autônoma e não queria que me ajudassem; parecia que me confundiriam mais.

Assim foi a minha entrada no mundo das palavras escritas, aquelas que poderiam nos salvar do fardo de carregar o silêncio quando se sentia tanta dor.

Vizinhos guardiões na inundação

Éramos rodeados por vizinhos muito prestativos. Como nascemos ignorados por grande parte da sociedade, contávamos uns com os outros. Tínhamos sempre atos generosos para doar e logo formávamos uma rede de auxílio mútuo que nos ajudava a nos manter vivos. Quando precisávamos, nem esperávamos muito, a ajuda dos vizinhos vinha. Sempre foi assim. Todos tinham sempre a certeza de que as crianças eram olhadas pelos vizinhos guardiões.

Um dia, estávamos brincando pelos becos, quando nossos pais começaram a se movimentar de um lado para outro e a se chamarem. Era dia de jogo de futebol em uma rua próxima ao Morro das Almas. Os homens iriam jogar. Como isso ocorria em março, o tempo estava bastante propenso a ter tempestade, mas todos queriam ir ver o futebol e jogar também. Eis que eles levaram todas as crianças, pois as mães também iriam. E lá fomos nós. Quem era de colo foi balançando ao descer as ladeiras com suas mães e pais; quem já andava foi segurando as mãos dos mais velhos e tentando acompanhar o ritmo dos passos.

Descer ao ritmo das conversas, dos risos e dos cânticos de samba foi bem legal. Havia barrancos que eu tinha medo de cair, mas estava bom para mim, pois eu estava no colo. Para meu irmão, primos e vizinhos maiores estava normal, pois eles não tinham meu problema, todos desciam correndo os becos. Tudo era uma brincadeira sem fim. E, assim, alcançamos o pé do Morro e fomos andando pelas ruas de nosso bairro.

Enfim, chegamos ao clube. Ficamos na torcida e nossos pais, tios e vizinhos foram jogar. Deve ter sido bem divertido, pois me lembro de passar de mão em mão o tempo todo, de ouvir aplausos e gritos de nossas mães e das mães do outro lado, além de muita agitação na quadra onde nossos pais estavam jogando. Vimos redes balançarem várias vezes e gritos de "Gol!" ecoarem pelas paredes do local, junto a trovões que estavam acontecendo lá fora. Foi realmente eletrizante para todos, mesmo para nós, que não entendíamos muito.

Porém, quando nos dirigimos para os portões de saída para irmos ao nosso Morro, vimos que uma tempestade muito forte começava a cair naquele instante. Não tínhamos percebido a ventania e a chuva havia chegado com todo o poder das "águas de março", como canta Vinícius. E as ruas começaram a encher com uma rapidez inimaginável. Os adultos nos pegaram e colocaram em suas costas. Eu fui à de um vizinho chamado Tonho, de quem eu gostava muito. Ele me chamava de Pizza Mozzarella.

Nossa prima mais velha, a Talita, foi andando, pois já tinha idade e tamanho que a possibilitavam dar passos na água sem problemas maiores, como pensavam os mais velhos. Porém ela perdeu um de seus chinelos e parou a procissão de habitantes do Morro das Almas para convencê-la a deixar o bem para lá e continuar a caminhada. Ela chorou e não queria mais andar. A água havia levado seu bem precioso. Para que ela voltasse a andar foi preciso que seu pai a pegasse pela mão e começasse a andar com ela.

As águas desciam o Morro. Nós estávamos molhados e cansados de lutar contra elas, mas não podíamos parar, precisávamos seguir até o topo. Fomos levando chuva nos rostos e andando na correnteza. Chegamos, cada família ao seu lar.

Foi uma noite de diversão e medo ao mesmo tempo.

Cachorrinha mamãe

Alguns dos nossos vizinhos tinham gansos, patos, gatos e cachorros. A tia Nica, como chamávamos a vizinha e amiga, tinha uma cachorrinha que estava grávida. Ela era amarelinha, como os cachorrinhos muito simpáticos que nos rondavam pelo morro. A barriguinha quase batia no chão e ela andava bem devagar por aqueles dias.

Mamãe, conversando comigo e com o Jorge, contou-nos o motivo daquela grande barriga: eram filhotinhos. E a tia Nica disse que nos chamaria para ver quando os cachorrinhos viessem ao mundo. Ficamos muito alegres e passamos o dia inteiro perguntando à mamãe se havia chegado a hora de ver os filhotes.

— O dia do cachorrinho chegou, mamãe? — perguntou Jorge.

— Cachorro neném? — eu perguntei interessada.

— Ainda não. Tem que esperar a tia Nica chamar.

E o dia chegou! A tia Nica veio bem cedo nos chamar. O pai, um rabugento, resmungou por causa de nossa partida para ver o parto. Porém fomos ver mesmo com ele resmungando.

Penteamos os cabelos após o café da manhã e fomos correndo ver os cachorrinhos nascerem. Chegamos lá e ficamos bem caladinhos. Já tinham nascido dois filhotinhos. A cadelinha parecia calma, mas bem atenta ao que estava se passando. Fez uma força a mais e saiu mais um cachorrinho. Cada um que vinha, Jorge e eu ficávamos mais alegres. Que felicidade ver o nascimento de algum ser! Imagina o de cachorrinhos!

Ficamos a manhã inteira com nossa mãe e nossas vizinhas vendo o nascimento de sete cachorros! Não podíamos gritar de alegria porque nos ensinaram que esse momento era de total silêncio. Fomos fazendo caras e bocas uns para os outros quando vinha ao mundo mais um bebê. Tomamos suco que a tia Nica fez para nós. Muitas crianças vieram ver e foi um grande dia para nós. Eu sinto muito carinho por ter vivido esse momento com essas pessoas.

Mas nenhum dia é tão bom o tempo inteiro. Quando voltamos para casa, meu pai começou a dizer:

— Você levou as crianças para ver uma sacanagem daquelas! — falou o macho que reclamava o dia todo, e a gente foi aprendendo a ignorar o que ele dizia ou fazia, pois não valiam quase nada.

O dia foi ótimo e a cachorrinha tinha sete filhotes para amamentar. Isso que era o importante para nós.

No dia seguinte tomamos café bem ansiosos para ver os cachorrinhos e a mamãe cadelinha, pois passamos o almoço e a tarde toda do dia anterior falando sobre o que havíamos presenciado. Chegamos à casa da tia Nica e vimos os bebês mamando. A mãe deles estava bem melhor do que no dia anterior, do parto. Estava feliz e bem disposta. Disseram que ela comeu muito depois do nascimento. Ela estava muito bonita. Já os filhotinhos não tinham muito pelo, mas nos explicaram que era normal e que em alguns dias eles ficariam peludos, gordinhos e com os olhos abertos.

A tia nos sentou num degrau da casa e nos mandou prestar muita atenção porque nos daria dois cachorrinhos para colocarmos no colo. Recebemos os bebês e ficamos bem emocionados. Eles eram bem macios e molinhos. Fizemos carinho bem de leve, como mamãe falou para fazer. Ficamos imóveis por alguns minutos com os cachorros nos colos, até que a mãe deles veio buscá-los, tirando um após o outro com a boca.

Ficamos olhando ela dar banho nos filhotes, lambendo-os. Eles choramingavam muito forte quando se sentiam longe da mãe, mas estavam bem protegidos num tapete e no quintal coberto.

Que momento feliz ver a vida dar frutos! Ficamos falando de cachorrinhos por muito tempo com mamãe, tios e tias, amigos e vizinhos.

O Judas

Num frio agradável de outono, ouvíamos Agepê em nosso rádio, pois nossos pais gostavam muito e era o som do momento. Eu descia as escadas do terraço cantando os sambas desse potente cantor em nosso Morro. Cantava:

*"Deixa eu te amar! Faz de conta que eu sou um **dinheiro**".*

Sempre trocávamos as palavras, seja em músicas em português ou as estrangeiras. Jorginho adorava, caía nas gargalhadas e eu cantava mais forte para vê-lo rir com aquela juba de leão balançando. E nessa música do Agepê, a palavra *dinheiro* ficou muito chamativa para nós, então gritávamos sorrindo.

Éramos felizes, apesar de tudo, e esse dia de outono era Sábado de Aleluia, dia de malhar o Judas. Aquele mesmo que entregou Jesus aos soldados, que na favela seria chamado de dedo-duro, linguarudo ou X9.

Mãe pegou a casca do coco com que havia feito a canjica da Sexta-Feira Santa e fez a cabeça do sujeito, pegou roupas marrons do Jorginho sem utilidade e sapatos e fez o corpo e os pés, e encheu de palha de milho. Os vizinhos foram arrumando chapéu, luvas, mais enchimento e caneta para desenhar o rosto do Judas do Morro das Almas. O amigo ingrato de Jesus foi ganhando corpo e quase vida.

Nós, crianças, ficamos olhando aquela feitura com uma curiosidade imensa. As perguntas eram sobre quem era aquele senhor. Judas ficou em nossos assuntos do dia. E quando ele ficou pronto, mamãe o deixou pendurado na porta para que à tardinha nós pudéssemos malhar o traidor. Eu fiquei sem entender o que aconteceria, mas achei engraçado o carinha pendurado na porta.

E eis que às 17h, os filhos das vizinhas, nossos primos e nós fomos com pedacinhos de pau malhar o Judas no nosso quintal. Lembro que foi muito divertido, pois ele caiu no barranco várias vezes e os adultos foram lá pegá-lo para ele continuar a ser punido por nós. Eu adorei bater com meu pauzinho naquele corpinho de dedo-duro. Pelo que nos falaram, ele traiu Jesus. Sei que gargalhamos muito e os adultos também.

O Judas se desfez, a cabeça dele se abriu e ele foi para o lixo depois de a gente rir muito. Nosso pai odiou a brincadeira, como sempre.

Amor de irmãos de fogo

Meu laço com Jorginho naqueles tempos eram tão estreitos que podíamos acordar juntos e ficar conversando sobre coisas que surgiam em nossas cabeças pequeninas até mamãe se levantar. Uma vez, tagarelamos muito e nossa mãe levantou para fazer o café da manhã para nós. Eu sempre achava que meu irmão era a pessoa que deveria me acordar sempre, com suas gargalhadas ou frases de efeito. Era bom demais!

"Acorda, menina! O Sol tá no céu!".

Ele me levava para a casa de uma vizinha que mantinha o portão aberto e de onde vinha um som fascinante de tambores. Era o terreiro de dona Bina. Ela era umbandista e nos benzia com ervas todas as vezes em que entrávamos em suas dependências. Nesse dia, fomos benzidos e ganhamos grandes abraços da simpática senhora e de seus companheiros de religiosidade que lá estavam, além de ganhar pirulitos. Ficamos agradecidos. Como Jorginho sabia da importância de sermos agraciados com essa energia de paz eu não sei. Sei que ele seguia a luz e eu fui aprendendo muito com ele.

Jorginho também me ensinava a viver. Havia uma escada de madeira para subir até a laje que era meu pesadelo. Nosso pai me levava no colo, mas eu chorava de medo, pois podia cair. Não confiava naquele adulto irresponsável. Até que meu irmão, conversando comigo, convenceu-me a tentar subir segurando a mão dele. Fomos de degrau de madeira em degrau, subindo sem maiores problemas. Eu confiando e olhando para cima. Enfim, chegamos à laje, onde poderíamos brincar e ver o morro todo. Fiquei tão feliz por ter subido tão alto que gargalhei e pulei junto com meu querido irmão.

Com o passar dos dias, subir na laje com ele foi virando um hábito. Mas não subia sem ele, já que tinha medo de cair. Ele era meu guardião, meu irmão, meu mestre pela vida.

Então olhar o céu de dia, ver o pôr do sol avermelhado e ver as estrelas foi nosso passatempo preferido por um grande período.

Nuno

Num dia de sol bem forte, nossa mãe lavou muita roupa e pendurou no quintal. Nossa casa era no topo do Morro e o vento era muito forte, o que fazia tudo secar mais rápido. Com esse vento, subimos na laje, Jorge e eu para brincar.

Nosso vizinho, cujo apelido era Nuno, subiu nossas escadas e chegou a nossa laje em poucos segundos. Ele era uma criança muito brigona e mamãe não deixava fazer as bagunças que ele gostava lá em casa. Mas ele subiu. Meu irmão era boa-praça e ficou conversando com ele. Porém eu estava furiosa por ele estar ali.

— Jorge, borá soltar pipa? — perguntou o menino, que não parava em um só momento.

— Você solta e eu vejo. Gosto de soltar pipa não.

— Não vai soltar nada aqui, garoto! — eu gritei com fúria.

Não era para ele estar ali, pois podia arrumar briga. Mas na verdade, eu que estava arrumando uma. E queria mesmo para tirá-lo dali.

— Eu não posso? Tenho uma pipa nova e vocês uma laje. Colé, rapá! — falou Nuno irônico.

— Não quero você aqui! A mãe falou que você é brigão! — gritei, batendo o pé direito para dar medo nele.

Porém nada disso deu muito certo. Nuno pegou sua pipa, deu-me as costas e ficou conversando com Jorge. Eu fiquei pensando no que fazer, então olhei para uma pilha de pedras de construção que havia na laje. Avistei um zíper naquele meio e me abaixei para pegar. Nuno virou para mim bem rápido e gritou:

— Garota maluca! Vai me tacar pedra! Socorro! — Pegou suas coisas, desceu pelas escadas num pinote, passou pelas roupas de mamãe e derrubou o varal com as roupas limpinhas.

— O que você fez? — perguntou Jorge.

— Eu peguei esse fecho aqui. Garoto doido! E derrubou as roupas! Manhê!

Mamãe viu as roupas no chão e, indignada, gritou uns trezentos palavrões. Recolheu tudo e foi falar com a mãe do Nuno. Não foi briga porque a mãe dele conhecia o filho. Ele ficou de castigo e minha mãe teve que lavar as roupas novamente, enquanto Jorge e eu continuamos a brincar na laje.

Minha pequena Eva

Nesse dia do Nuno e das roupas caídas no chão, o céu foi ficando avermelhado por causa do calor intenso e do pôr do sol que se aproximava. As pipas estavam lá, em um colorido tremulando e muitas cortando umas às outras. Nós brincávamos de pique e Jorge inventou outra brincadeira:

— Vamos brincar de nave espacial?

— Oba! Vamos! Estamos no espaço!

— Nossa nave está ali! — Apontou para a caixa d'água quadrada de casa. — "Minha pequena Eva!" — cantou, como na música do grupo Rádio Taxi. Desde aquele momento, a caixa d'água virou a "Minha pequena Eva", nossa nave estelar.

— Eva! — cantei como na música famosa no momento.

Nós nos sentamos na frente da nave e começamos a cantar a música toda enquanto imaginávamos que o espaço estava cheio de objetos a serem destruídos pelos mísseis da "Minha pequena Eva". Todo o céu avermelhado e as pipas lá, tremendo. Elas eram "destruídas" por nós quando eram cortadas por outras.

Cantamos a música por um bom tempo e viajamos por esse céu procurando um "lugar seguro para viver". Foi muito divertido! Era muito bom brincar com Jorge.

Criança mimada

Havia um prédio que mãe lavava uma vez por semana. E lá, ela também fazia faxina em algumas casas. Havia médicos, professores, advogados etc. morando nesse local. Eu achava o máximo ter contato com essas pessoas que estudaram muito. Será que um dia eu estudaria como eles? Até então era uma imagem cheia de nuvens em volta. Como o sabão no chão de mármore que mamãe jogava.

Na lavagem do prédio ou nas faxinas, nós estávamos sempre juntos a nossa mãe, por isso tínhamos contato com esses patrões. Jorge e eu éramos muito bem-vindos no trabalho dela, pois a ajudávamos no que dava e éramos muito falantes, brincalhões e piadistas, o que fazia os moradores rirem muito.

Nas lavagens do prédio nós escorregávamos, brincando no mármore, e ficávamos cheios de sabão. Era muito divertido. Nossas gargalhadas ecoavam. Era perigoso, mas não houve nenhum incidente conosco no período em que mamãe trabalhou lá. Porém...

Havia uma casa em que mamãe fazia faxina. Nela moravam uma mulher, seu marido e um filho da minha idade, 4 anos. Nelson era muito calado e tinha uma babá que morava no Morro das Almas também, a Beatriz. Um dia, minha mãe e a Beatriz começaram a conversar enquanto mamãe arrumava a cozinha da senhora. Nós ficamos brincando com o Nelsinho na sala e com vários brinquedos dele.

Eu achei um carro grande para as minhas mãos, mas a curiosidade me dominou. Peguei aquele brinquedo que brilhava muito para ver mais de perto, enquanto Jorge via um caminhão. Eis que Nelsinho me viu com o brinquedo dele. Pegou e lascou o carro no meu joelho direito gritando:

— Me dá!

Jorge segurou o garoto imediatamente pelo pescoço e deu uns sopapos nele falando:

— Não bate nela!

Meu irmão ficou irado, todo vermelho, e Nelsinho chorou compulsivamente. A conversa na cozinha rolava solta e a babá não ouviu nada, nem nossa mãe. Paramos de brincar. Jorge me pegou, colocou-me no sofá e ficou comigo. O menino mimado ficou deitado no chão até adormecer.

Minha mãe chegou e quis saber o que houve. Jorge contou que o menino tinha batido em mim, então ele havia batido no menino e depois ele tinha dormido. Sei que meu joelho ficou roxo da batida do carrinho do Nelson. Com o tempo saiu.

Com isso eu aprendi a não mexer no que não era nem meu, nem do Jorge, e que meu irmão faria tudo para me defender.

Natal regado pelo povo do prédio

Havia um prédio que mamãe trabalhava cujo síndico era um médico muito simpático e os outros moradores eram bem solidários. Para chegar nele, andávamos um pouco, descíamos o morro e fazíamos alguns metros a pé.

Num dia meio frio fomos para lá. Eu estava com a cabeça na Lua, pensando mil coisas, e não percebi que minha mãe e meu irmão viraram numa esquina e continuei andando.

— Deixa ela! Vai levar um susto! disse minha mãe para o Jorge, que queria ir lá me puxar para continuar o trajeto.

E não é que levei um senhor susto quando vi que estava numa rua sem saída e sem meus familiares!

— Jana, presta atenção! — gritou Jorge para mim. Corri para chegar perto deles. Quase abri o berreiro por me sentir sozinha no asfalto. Sozinha no morro dava para ser levada para meus pais pelos nossos amigos e vizinhos, mas no asfalto não era a mesma coisa.

No prédio, minha mãe lavou todo o mármore, o chão e as escadas. Jorge e eu ajudávamos com baldes e as vassouras para esfregar o que precisava ser esfregado. Os proprietários dos apartamentos nos davam água, comida e presentes. Um dia, uma delas me chamou e me entregou um pacote. Abri e tinha uma roupa para mim, que eu amei muito.

Nesse clima de trabalho duro e harmonia entre as pessoas chegou o Natal. Minha mãe e nós ganhamos muitos presentes, de comida a enfeites para nossa casa. Eu me senti repleta de vida e alegria ao subir o morro cheia de bolsas, com meu irmão e minha mãe. Foi muito bonito para uma criança como eu era ter tanta solidariedade vinda de pessoas tão legais. Senti que era importante para outras pessoas também, além de nossa família, amigos e vizinhos.

Enfim, foi um Natal muito bonito e cheio de vida junto aos que eu amava e a outros que nem tanto, mas com quem tentava conviver.

Folia de Reis

Em um Dia de Reis, estávamos brincando em nosso grande quintal, e eis que, de repente, aparece um grupo de pessoas fantasiadas e cantando músicas de Chico Buarque. Havia um palhaço, que confesso, deu-me medo, mas ele cantava bem. Também havia uma bailarina. Fui me identificando com ela e sua saia de véus esvoaçantes, como imaginava ser aquela da história do "Soldadinho de chumbo", que mamãe contava para nós. Havia outros ainda: marinheiro, gatinha etc.

— O que é isso? — perguntei a minha mãe.

— É a Folia de Reis.

Dançamos com eles pelo portão fechado. Não podíamos ir até o grupo, pois mamãe não deixava. Vi os brilhos nos olhos dos integrantes e tentamos cantar junto, mas não sabíamos as letras das músicas. Eram de adultos. Nossa mãe conhecia todas.

Eles foram descendo o morro e meu coração foi com eles. Essa foi a primeira e única vez que vi um evento assim no Morro das Almas.

Velório

O dia amanheceu estranho. Era janeiro e havia uma ventania exagerada em nosso morro. Uma vizinha, dona Paquinha, a que deu o primeiro banho na maioria das crianças do beco quando nasceram, veio nos contar que nosso vizinho, seu Adolfo, pai do nosso amiguinho Milito, havia morrido ao acordar.

— Foi o coração que parou — contou dona Paquinha, vendo que muitos vizinhos se juntavam para saber o que havia acontecido.

Nas horas seguintes, a família chegou com um caixão e o corpo do seu Adolfo dentro, após ter descido o morro para ser atendido no hospital. Ele morreu em casa, mas para constatar o óbito a família o levou para ser examinado por médicos. A mulher e os filhos o colocaram em uma mesa grande da sala e foi aberta à visitação para os outros parentes, amigos e nós, vizinhos. Lembro-me de que havia uma fila de enlutados para velar o morto. Minha mãe, que colocou na cabeça que eu deveria ver o defunto, fez com que nossa vizinha, Ediza, levasse-me para fazer o mesmo que os outros.

Ficamos na fila, eu e Ediza, esperando a nossa vez de nos despedirmos de seu Adolfo. Senti que era um clima estranho, não havia sorrisos, só choro. Sua mulher, Lindalva, estava perto de sua cabeça quando entramos. Eu não entendi bem, mas Ediza me levantou para ver o morto. Vi um senhor de cabelos brancos, de mãos cruzadas e cheio de flores em volta, iluminado por velas nas mãos de seus queridos parentes. Não tive medo, senti que era tudo muito forte e simples.

— Obrigada, Ediza. Foi bom para ela saber o que é a morte — agradeceu minha mãe a nossa vizinha. Eu já tinha sido apresentada à morte, mas não dessa forma. Dessa vez foi mais calmo, sem corre-corre, sem sangue. A dor era mais ponderada. Esse tipo de morte era mais raro de se ver no Morro das Almas.

Operação no hospital das freiras

Depois de muitas idas ao pediatra para ver o que era que estava crescendo na minha barriga, mamãe levou-me para operar uma hérnia umbilical em uma clínica cheia de freiras, num bairro da Zona Sul do Rio de Janeiro. Ela conseguiu essa vaga para operar com muita conversa com os médicos dos hospitais públicos que nos atendiam. Foi fácil, agora era só fazer.

Logo após o almoço, nossa mãe, Jorge e eu fomos andando até o outro lado do nosso bairro para pegar o ônibus em direção à Zona Sul. Durante a viagem vimos o mar e o Pão de Açúcar. Deve ter sido a primeira vez que vimos o mar. Mesmo de longe deu para sentir o cheiro de água salgada. Mamãe nos mostrou os lugares que não conhecíamos. Não tínhamos costume de descer o morro para ir à praia. Nossos pais eram muito caseiros, não tínhamos dinheiro para o lazer e eles tinham medo do mar. Logo, esse passeio de ônibus nos mostrou vários elementos desconhecidos da cidade.

Eu não estava entendendo nada dessa viagem, nem Jorge, mas minha mãe sabia tudo o que iria acontecer. Pensei que fosse um passeio sem pretensões, mas ao chegarmos perto da clínica senti um ar solene na minha mãe. Ela falou com as freiras que nos recepcionaram.

— A menina vai operar. Está marcado.

Logo fomos levados a uma sala enorme com muitas crianças. Tinha uma televisão na parede passando *O incrível Hulk*, com um ator que se transformava no herói nervoso. Parei um pouco para ver aquela transformação, que me trazia identificação. Eu explodia às vezes. Mas naquele momento também queria entender onde estávamos.

Era um salão bem grande com muitas crianças. Meu irmão e eu estávamos de mãos dadas para não nos perdermos e minha mãe perto de nós. E foi nessa energia de reconhecimento que uma criança bem maior que nós se aproximou e foi se apresentando para brincarmos. Era uma menina. Não me lembro do nome dela, mas sei que a história dela nos chocou.

— Minha mãe me deixou aqui e nunca mais voltou — falou a menina, bem triste.

Seu ar de desamparo nos invadiu. Ela era cuidada pelas freiras enquanto esperava a volta dos pais. Ela tinha uma máquina fotográfica que passava pequenos slides. Ficamos impressionados com aquela modernidade e ficamos vendo as paisagens que ela apresentava. Essa menina passou a tarde com a gente. Mas teve uma hora que, do nada, olhei em volta e meu irmão e minha mãe tinham partido. Levei um susto grande, mas não chorei. Rodei todas as partes da clínica para ver se eu os encontrava. Nada. Pensei que ficaria ali como a menina abandonada. Daí chorei um pouco, pois sabia que tinha que agir.

A noite chegou. Fui procurar a médica-chefe para que ela pudesse me ajudar. Não entendia muito bem o que era a palavra "chefe", mas queria falar com quem mandava ali. Não sei se a sala era dessa pessoa, mas encontrei uma médica sozinha, entrei e fui falando:

— Sou Janaína e moro em Oliveira (meu bairro). Você pode me ajudar a voltar para lá?

Sabia o bairro que o Morro das Almas estava localizado, mas não pedi para me levar para lá, pois talvez a médica ficasse assustada. Havia muito preconceito com nosso local de habitação, e na cidade, para quem não morava nesses locais, as favelas eram áreas perigosas. Não entendia muito isso, só sabia que era para me proteger das falas das pessoas com relação ao nosso morro e quem nós éramos. Mesmo pequenos, compreendíamos esse fato.

— Oliveira? Eu vou para lá! Pode deixar que quando acabar o meu plantão levo você lá — prometeu para mim a médica muito simpática.

Pronto! Voltaria para casa. Fiquei esperando por ela por algumas horas no salão grande cheio de crianças. Pensei que todos nós estávamos abandonados, como a menina da máquina fotográfica. Não chorei mais, pois sabia que estava salva pela médica.

Adormeci.

Acordei com meu irmão me olhando enquanto eu descansava numa cama. Fiquei feliz. Devia estar no Morro das Almas.

— Ela tá aqui, mãe! Tá toda mijada! — gritou meu irmão para nossa mãe.

Eu havia sido operada e estava com um esparadrapo enorme na barriga. Estava com xixi até nos cabelos. A noite tinha sido muito agitada, mas eu não vi nada. Só sabia que estava feliz por ver meu irmão Jorge e nossa mãe.

— Me dá ela aqui!

Nossa mãe me pegou logo. Não havia tempo de me lavar, pois ela havia conseguido, com um taxista amigo, uma carona para nos levar até o Morro das Almas, e ele estava nos esperando. Mamãe assinou os papéis de retirada do paciente e logo estávamos dentro do táxi.

Foi rápida essa viagem. Estávamos bem felizes e aliviados por estarmos juntos. Porém, quando chegamos ao pé do Morro das Almas, lá estava meu pai. Ele parou o táxi e disse que não podia subir o morro. Invenção dele, pois ele não era ninguém para dar ordem na favela. Ele estava com ciúmes. Não entendemos o motivo.

— Já que você não deixou o taxista subir, vai ter que levar a menina no colo até o topo do morro — disse mamãe, jogando-me no colo daquele ser abominável. Confesso que não gostei, mas fui até em casa. Ele não deve ter gostado também, mas me levou.

Com o tempo soube que meu irmão e minha mãe não tinham me abandonado, só tiveram que voltar para casa.

— Devolve minha irmã! Volta, mãe! — gritou chorando Jorge, dentro do ônibus, na volta para casa. O motorista e as pessoas em volta ficaram com pena dele, mas minha mãe o acalmou falando:

— Amanhã a gente busca sua irmã.

Ficamos com pena da menina abandonada por um longo tempo. Não sabemos o que aconteceu com ela.

Aniversário de 5 anos

E o Sol entrou no signo de Áries. Chegou o meu aniversário. Jorge acordou gritando de felicidade, como sempre fazia em qualquer momento de festa.

— Feliz Neversário, minha irmã! — Agora ele conseguia falar "irmã", mas sempre mudava uma ou outra palavra do seu vocabulário. Era muito engraçado e reconfortante ser chamada assim por ele nesse dia de festa.

Passamos o dia indo de casa em casa para dizer que era meu dia de fazer aniversário.

— Que bom! Agora você pode mostrar a mão toda pra falar quantos anos tem! — disse a tia Marta, dando-me mil beijos e abraços.

Passamos o dia na casa da nossa tia favorita, brincando com nossos primos. O Rodolfo, filho da tia Marta, pegou-me no colo e me deu muitos abraços. Ele tinha a mesma idade que meu irmão. Eram melhores amigos, como eu era da Tereza, irmã mais nova dele. Éramos tratados como irmãos. Pensávamos que eram assim nossos laços, de irmãos.

À tardinha, minha mãe trouxe um bolo confeitado com o Pica-pau, personagem do nosso desenho favorito, para comemorarmos minha nova idade. Os filhos dos vizinhos e amigos foram chegando. Quando viram, tinha uma grande quantidade de crianças brincando. Tia Marta colocou músicas para crianças, como a de Toquinho e Vinícius de Moraes chamada *Aquarela*, além de Balão Mágico e sambas que gostávamos de cantar, como do Fundo de Quintal.

Dançamos, cantamos e brincamos de roda com a tia Marta.

— Fui a Espanha buscar o meu chapéu! Azul e branco da cor daquele céu! — cantávamos com ela, como sempre fazíamos e adorávamos. Um de nós entrava na roda e se apresentava, cantando outra música para alegrar.

— Eu sou a Janaína, eu sou a Janaína, eu entrei na roda pra cantar meu dia! — cantei e dancei dentro da roda das crianças. Foi muito especial esse momento.

Houve outra roda bem grande, mas agora com uma mesa cheia de refrigerantes, docinhos e meu bolo no meio.

— Parabéns pra você! Nessa data querida... — cantaram e bateram palmas todos em volta do bolo, com a vela acesa mostrando que fazia 5 anos.

— O primeiro pedaço vai para quem? — perguntou minha mãe.

— Pro Rodolfo!

Isso mesmo! Dei o primeiro pedaço para meu primo. Mas isso não trouxe ciúmes, só foi engraçado, pois foi o primeiro nome de que me lembrei. Todos comeram bolo e docinhos, pegaram bexigas coloridas e começaram a estourar. Guardamos uma bexiga para cada um levar para casa, como sempre fazíamos ao voltar das festas.

Não precisávamos de coisas materiais para nos reunir. Precisávamos só da reunião mesmo. Era necessidade nossa ter esses encontros. Todos os dias nos encontrávamos nos becos para brincar. Os becos eram parte de nossas brincadeiras.

Esse dia foi muito feliz! Lembro-me sempre dele quando escuto as músicas do Balão Mágico, *Aquarela* e sambas da época.

Não aponte essa arma

A memória que vou contar agora é uma que me traz um pouco de dor, mas contarei mesmo assim.

Estava nublado. Minha mãe havia saído para fazer alguma coisa na casa da minha vó paterna. Seria bem rápido, então ela nos deixou brincando no quintal, como sempre fazia. Devia ser um sábado, pois ela estava em casa. Ficávamos sozinhos, mas nossos vizinhos e primos mais velhos, filhos de nossa grande amiga Cristina (eles se chamavam Nardo e Pablo, eram soldados do Exército Brasileiro) davam uma olhada em nós para minha mãe ficar tranquila.

Nesse dia de sábado, Jorge e eu estávamos brincando de escavação perto do portão de casa. Procurávamos ovos de dinossauros. Mas estava difícil achar. Encontramos moedas, mas não sabíamos que eram antigas.

— Olha o que achei! — disse ao encontrar uma chave velha.

— Deve ser uma chave de algum tesouro — afirmou Jorge.

— Será?! Não é da casa?

— Você não sabe que não se perde a chave de casa?

— E eu sei lá!

Fomos interrompidos por dois caras armados que ficaram colados em nosso portão de madeiras sobrepostas. As cabeças deles ultrapassavam o portão. Um tinha um boné azul-escuro e o outro estava colado nele. Eles queriam ver alguma coisa que só dava para ver de nosso portão. Não entendemos o que era.

— É pra lá! — falou o de boné, apontando sua arma para dentro da nossa casa. Ela estava por cima de nossas cabeças pequenas enquanto estávamos abaixados cavando.

— Não cara! Deve ser pra lá! — Pegou no braço do outro colega e apontou para outro lado, mas continuavam com a arma para dentro do nosso quintal.

Jorge fez com a mão para eu parar, pois me levantei rapidamente e queria falar para eles pararem. Eu ia gritar: "Tira essa arma daqui! Sai de perto!", mas meu irmão pediu que eu ficasse em silêncio, colocando o dedo indicador em sua boca fechada.

A revolta crescia dentro de mim. Como eles estavam fazendo isso perto de crianças como nós, bem pequenas? Eles tinham que nos respeitar. Queria gritar bem alto: "Não aponte essa arma!", mas meu irmão cuidava de mim quando minha mãe não estava, então respeitei o que ele estava pedindo. Talvez ele soubesse o que estava fazendo. Eu estava revoltada, com tremedeira de nervoso e com vontade de pular para fora para dar socos nos caras.

Eles ficaram apontando a arma por alguns minutos, mas para mim foi muito mais. Meu irmão percebeu que eu estava bem nervosa, pegou minha mão e me levou para longe do portão. Deixamos aqueles caras com sua arma apontando para dentro de nossa casa e fomos para a sala.

— Eles não podem fazer isso, mãe! — falei alto com minha mãe quando ela chegou. — Temos que falar com eles! Eles têm que parar!

— O que você quer que eu faça? — falou a mãe sem ligar muito. — Você tem que fingir que não vê, que não tem ninguém ali. Para nossa sobrevivência, precisamos fingir que não está acontecendo nada e fugir. Jorge estava certo.

Foi assim que aprendi a me fingir de morta quando via esse tipo de violência. Foi assim também que comecei a guardar gritos, que se transformaram nessas almas que estou contando agora. Um dia tudo vem à tona. Ainda bem que este momento do mundo me permite fazer isso.

Mordida escondida

Em nosso Morro das Almas havia uma quantidade significativa de cachorros com donos. Eles passeavam pelos becos. Havia o Totó, que era muito agressivo e era da família do nosso amiguinho Nuno. Sempre que o via, eu batia os pés na bunda e entrava no nosso quintal. Com ele eu aprendi o valor de fingir que não está se vendo nada e continuar em direção a um esconderijo, quando ele estava bem perto e não podia correr. Tinha o Chanchão também, cachorro do nosso amigo Milito. Ele era muito calmo e simpático, mas eu me mantinha longe. Tinha medo dos cachorros dos nossos becos.

Era bem de manhã, meu irmão, nossa vizinha Lelé e eu estávamos brincando no nosso grande quintal. Eu vi o Pintado, cachorro de outros vizinhos, no beco em frente à nossa casa. Fui lá ver o cachorro.

"Hoje eu acabo com o medo de cachorro", pensei. Fui em sua direção e o agarrei para dar um abraço. Tudo muito rápido. O bicho que era de porte médio me deu uma mordida na boca e saiu de perto de mim. Fiquei tonta. Acho que exagerei no afeto. Entrei no nosso quintal muito desnorteada.

— O que é isso no seu rosto, Jana? — gritou meu irmão, pegando na minha cabeça para olhar melhor. — É sangue! Mãe, tem sangue na cara da Janaína!

— O que aconteceu? — nossa mãe gritou, pegando-me no colo e levando-me para dentro da casa.

Jorge veio correndo com Lelé e disse:

— Foi cachorro! Você vai levar injeção na barriga!

Minha mãe passou água no local, lavou com sabão, e eu chorando. Tinha um buraco no lábio superior. Fiquei no sofá que era minha cama e não parei de chorar, tanto quanto minha mãe não parou de falar sobre a injeção na barriga.

— Não foi cachorro não, mãe! — falei. — Foi um prego no portão que entrou na minha boca.

Eu sabia que tinha que mentir para me livrar da injeção na barriga, então contei essa história para todos por um bom tempo enquanto o ferimento sarava. Nossa mãe acreditou.

Com o tempo melhorei. Ficou uma leve rachadura no lábio. Só sei que fiquei muito mais medrosa com cachorro. Nossa mãe me ensinou a chamar São Bernardo três vezes para que eles me deixassem em paz. Mas foi um medo temporário. Graças a São Bernardo.

Pedra na cabeça

Tereza e eu éramos muito ligadas. Ela era dois anos mais nova e seu signo era Câncer. Eu vi seu crescimento na barriga da tia Marta, lembro que ela dormia bem quietinha no berço e que nós brincávamos muito quando ela ficava numa bacia de água tomando banho. Sempre fomos muito próximas.

Rosa era mais nova que eu quatro anos, mas brincávamos também. Essa era muito bagunceira, brigona e era do signo de libra. Não entendo, nunca brigamos.

Mas, voltando a Tereza. Estávamos brincando um dia na casa da tia Marta, na sala onde tinha um capô de fusca.

— Bota a boneca aqui! — disse Tereza, tentando me dar ordem e colocando a minha boneca no barranco que ficava atrás da casa dela.

— Não! A boneca vai ficar aqui dentro! — gritei nervosa, pois ela estava me irritando.

A discussão continuou, assim como o põe boneca, tira boneca do barranco. Eis que Tereza pega umas pedrinhas de construção para tacar em mim. Eu peguei a primeira pedra que cabia na minha mão, fechei os olhos, e com meu braço livre a atirei em direção à menina. Pronto!

Foi um chororô bem alto. Tereza gritou muito, com a testa ferida pela pedra. Vizinhos vieram ajudar e deram água com açúcar para a garota. Eu fiquei na porta vendo tudo, sem entender o que eu havia feito. Minha tia limpou o local e depois conversou com nós duas.

— Vocês não podem brigar! Vocês estão proibidas de brigar! Entenderam?

Tereza continuou a chorar por um tempo e eu fiquei cabisbaixa, triste pelo que tinha feito. Essa foi a única vez que aconteceu isso na minha vida. Explodir dessa forma me fez muito mal. Logo com alguém que amava.

Mamãe chegou para me buscar com Jorge. Eles tinham ido ao pediatra. Não era meu dia de ir.

— Foi o lobisomem, tia! — gritava Tereza para a minha mãe. Ela não queria que minha mãe brigasse comigo, então inventou que tinha sido o lobisomem, ser lendário que ela morria de medo.

— Foi a Janaína. Vou conversar com ela em casa. — disse nossa mãe pela insistência de Tereza em me livrar da bronca.

Chegamos em casa, minha mãe conversou comigo e contou para o meu pai. Ele não fez gesto algum. Não tirou a cara do jornal que lia.

— Não faz mais isso, tá legal? — pediu Jorge. — Você não pode machucar os outros.

Com o tempo, a marca da testa de Tereza foi subindo até desaparecer no cabelo. Eu aprendi a não fazer mais essas coisas com ninguém. Viver também é isso.

Pai padeiro, mestre da padaria

Nosso pai era padeiro. Mestre de padaria. Trabalhava quando queria e quando estava no trampo não ficava por muito tempo. Isso aconteceu quando conseguiu ser padeiro e mestre do supermercado que tinha bem perto do Morro das Almas. Isso mesmo! Ele conseguiu ser mestre dos padeiros porque sabia muito. Também era confeiteiro.

Numa ocasião, minha mãe, Jorge e eu fomos ao trabalho dele. Os padeiros brincaram comigo e com o meu irmão. Foi bem engraçado. E eis que ganhei um quindim muito amarelo e que cabia na palma da minha mão. Saí correndo para mostrar para minha mãe e para o Jorge.

— Olha o doce!

Achei tão lindo que queria mostrar para o mundo. Mas quando parei de correr, o quindim caiu no chão. Espatifou-se! Chorei de tristeza ao ver o doce caído e amassado.

— Vem aqui, menina. Abre a mão! — disse o padeiro mais novo que havia lá.

— Oba! — Meu sorriso voltou. Ganhei mais um quindim, igualmente amarelo e reluzente. Mas dessa vez não corri. Fiquei imóvel e comi o doce. Como a vida pode ser doce ao ser simples!

Irresponsável: um dos piores dias da minha vida

O dia estava bastante quente. Jorge e eu ficamos em casa enquanto minha mãe foi trabalhar e o meu pai sumiu pelo morro com seus grandes "amigos". Ele trocava de amigo como se troca de roupa íntima. Ele havia se demitido do supermercado em que trabalhava para ficar sem fazer nada de proveitoso que nos ajudasse a sobreviver. Eram atitudes irresponsáveis que criavam mais confusão em nossas vidas.

Nesse dia, ele saiu bem cedo e nos deixou sozinhos. Uma menina de 5 anos e um menino de 7. Que revoltante! Porém não era esperado dele que ficasse cuidando de nós. Nossa mãe sempre nos dava recomendações: "Não pode mexer no gás, não pode ficar pelos becos e não falar com estranhos. Vejam desenhos e brinquem entre si". Ela não tinha outra alternativa, só ela estava trabalhando em casa. Quem devia ficar conosco era nosso pai, que ficava perambulando pelo morro.

Mas o dia estava bem bonito. Jorge e eu brincamos um pouco no quintal. Nossos primos mais velhos passaram e ficaram um pouco conosco. Não puderam ficar muito, pois tinham que ir para o Exército.

Deu a hora do almoço e Jorge esquentou a comida, como mamãe tinha ensinado. Era para esquentar e desligar logo. Foi o que ele fez. Então comemos. A comida estava deliciosa, raspamos as panelas. Não sobrou nadinha! Não lembro o que minha mãe tinha feito, só sei que nós adoramos.

Estava um dia muito agradável, rimos muito um com o outro de coisas que falávamos ou fazíamos. À tarde, vimos um filme dos Trapalhões na TV. Rimos muito do filme. E o dia ia passando naturalmente e de forma bem agradável, porém quando eram 17h mais ou menos, nosso pai chegou.

— Cadê? Onde tem comida? — ele gritou conosco, procurando nas panelas vazias. Não trabalhava, não colocava comida na mesa, mas cobrava quando não tinha. Minha mãe que comprava todo o sustento da casa.

Ele estava nos assustando. Foi ficando cada vez mais irritado com a situação. Ele estava morto de fome. Hoje penso que ele estava drogado. Na época, para mim, só era um pai com atitudes monstruosas. Tinha horror a ele.

— Vocês vão arrumar comida pra mim!

O Jorge deu nossos biscoitos para ele. Fez um chocolate rápido e ele tomou como se fosse um bicho morto de fome. Eu fiquei com os olhos arregalados, tremia de revolta com aquela situação toda. Ele colocando meu irmão para servir os seus desejos e nós não podíamos falar nada.

Eis que eu, de tão raivosa e revoltada que estava, comecei a passar mal e tive uma convulsão, como foi dito pelos médicos que me atenderam depois. Vomitei muito. Coitado do meu irmão!

MORRO DAS ALMAS

Saiu correndo para buscar ajuda na casa da nossa tia Marta, mas como ela sabia que meu pai estava conosco, mandou por Jorge um copo de refrigerante para que eu pudesse parar de vomitar.

— Toma! Faz aqui! — gritou comigo meu pai, jogando um balde perto de mim. Ele me fez deitar na minha cama, que era o sofá da casa, e deixou esse balde ao lado.

Jorge ficou perto de mim, tentando me ajudar, e eu continuei passando mal. Até que minha mãe chegou. Já estava escuro, pois a noite havia chegado.

— O que é isso? A menina passando mal e você lendo jornal? Tem que levar ela ao médico! — gritou minha mãe. Lembro-me do rosto dela assustadíssimo quando viu a cena. Ela me pegou no colo, eu estava quase desfalecendo, e o Jorge ajudando nesse meio. Minha mãe correu comigo descendo o morro.

— Prima, não pode descer não! — gritou o primo mais velho, filho da Cristina. — O morro vai entrar em guerra!

— Preciso levar a menina ao médico!

Ele viu como eu estava mole no colo da minha mãe e desceu com ela. A clínica era em uma rua perto do Morro das Almas.

— Mas essa menina tinha que ter sido trazida quando começou a ter convulsão! — O médico deu um esbregue na minha mãe.

— Eu estava trabalhando. Ela estava com o pai.

Ficamos um tempo na clínica, eu no soro, recebendo remédios. Podia se ouvir os tiros dados no morro, como nosso primo havia falado.

Ao subirmos para ir para casa, minha mãe comigo no colo, vimos alguns corpos no chão. Nossa mãe andou demais até chegar em casa. No caminho, ela foi me falando algumas coisas:

— Aquele cara que está lá dentro de casa não é seu pai! Ele não pode ser chamado de *pai*!

Tirei para a minha vida que aquele homem não era mais meu pai. Tratava de uma forma bem arrogante e distante, e ele percebia isso. Não era mais uma pessoa próxima para mim. Ele havia feito algo horrível para a família toda.

Chegamos em casa e dormimos um pouco. Quando me tornei adulta, conversei com minha mãe sobre esse dia e ela me disse que o cara ainda queria fazer sexo com ela quando voltamos da clínica. Como pode?

Acordei e pedi água para quem ouvisse. Jorge foi logo encher um copo e quando ele estava colocando a água na minha boca, minha mãe gritou:

— Não! Ela tem que tomar soro caseiro!

Falando isso, ela levantou e foi fazer o soro. Eu fui cuidada o dia inteiro por mamãe e por Jorge.

Esse foi um dos piores dias da minha vida.

... e mulher

A maioria dos familiares do meu pai achava que minha mãe era louca. O motivo? Ela falava sobre tudo, não abaixava a cabeça para o vô Lucas nem para a tia Valquíria, dançava muito e amava cantores gays. Para quem estava no meio de ignorantes, ser doida era um elogio. Eu só achava que meu pai era totalmente desnecessário da vida de qualquer um, inclusive da dela, mas ela que tinha que ver esse assunto.

Foi nessa toada de ser chamada de louca que ela buscou se tratar. Enquanto os que se diziam sãos faziam horrores nas vidas dos outros, ela foi ao psicólogo e ao psiquiatra, achando que o problema da vida dela era ela. Então o médico pediu para conversar com meu pai um dia. Foi um desastre. O médico nunca mais quis vê-lo na frente dele. Eu entendo.

— O que você falou pro médico? — perguntou minha mãe.

— Que por mim você podia se jogar na frente do trem que eu não estou nem aí! — falou essa preciosidade para o médico quando este contou que minha mãe passava por crises de pânico.

Com mais essa, nossa mãe, que estava procurando um meio de sair de perto desse marido, encontrou uma pessoa chamada Antônio no meio de uma obra do morro. Ouvindo promessas de se livrar do marido abusivo, mamãe decidiu pedir a separação para o meu pai. Isso mesmo, na época a mulher *pedia* para se separar do marido.

Quando minha mãe foi pedir para se separar, ela contou o motivo. Ele se chamava Antônio. O motivo fez com que meu pai a perseguisse para tentar matá-la (isso não poderia acontecer no morro, pois havia uma regra que o impedia) até a casa da tia Marta, que a defendeu junto ao seu marido, o tio Henrique.

Mamãe passou algumas horas ali até que ele se acalmasse, voltou para casa e começou a guardar suas roupas numa grande mala de viagem. Deve ter sido a mesma que ela chegou de Minas Gerais.

— Eu vou ficar com meu pai — disse o Jorge a ela. O menino tinha um amor platônico pelo pai. Nossa mãe tentou conversar com ele, mas ele não quis. Estava decidido.

— Eu vou com você, mãe — eu disse pegando minhas roupinhas.

Foi um momento muito triste, pois eu sabia que iria me separar do meu irmão. Meu pai continuava com sua cara de raivoso, deitado na cama, e nós nos arrumando para ir embora. Então ele coloca meu irmão em seu colo e o faz chorar ao dizer:

— Olha, elas tão deixando você para trás! Estão te abandonando!

— Mãe, fica comigo! Não vai! Deixa a Jana aqui! — berrou Jorge.

— Vem comigo, filho! Vamos pra Minas ver seus avós!

Mas nada que ela falou mudou a opinião do Jorge. Ele queria ficar com o pai. Minha mãe e eu arrumamos logo as nossas roupas e fomos pegar o ônibus para a rodoviária no pé do morro.

Pegamos o transporte, eu cantando uma música triste da época, não me lembro qual, sei que não era em nossa língua. Sim, eu tentava falar e cantar em outras línguas, normalmente aquelas que estavam disponíveis nas rádios e na TV. Em geral era em inglês e em francês. Eu adorava pensar que não existia só nossa casa, havia outros lugares para se morar.

Chegamos à rodoviária e Antônio estava lá.

— Olha lá o Antônio. Abraça ele! — disse mamãe.

— Pai! — dei um grito e corri para ele, mesmo sem conhecê-lo.

— Não sou pai de ninguém não! — protestou o cara, colocando-me para trás.

— Ela é pequena, não entende — falou minha mãe.

— Explica pra ela!

Nossa mãe foi me explicando na estrada. Mas não era para Minas Gerais, era para outra cidade do estado do Rio de Janeiro. Passamos algumas semanas com esse Antônio. Eu estava morrendo de saudade do meu irmão. Um dia, levaram Jorge para nos ver. Demos um abraço muito forte e eu pensei que ele ficaria conosco, porém o levaram de volta. Quem o levou foi o tio Lulu, nosso guardião.

E eis que numa semana, o Antônio falou que não dava mais para nós ficarmos juntos e mandou minha mãe embora. Fomos novamente para a rodoviária da cidade do Rio e pegamos um ônibus para Minas Gerais. Começava outra jornada.

Minas Gerais

Depois de quatro horas de viagem, em que ou eu dormi ou fiquei contando os carros que passavam pelo nosso ônibus (eu contava como a lógica francesa: falava *sessenta e dez* para setenta, mas não sabia que era essa lógica, só fui descobrir adulta), chegamos à cidadezinha onde meus pais nasceram. Era bem pequena, só tinha uma praça enorme para as pessoas se socializarem, uma igreja, também enorme, de Santana, linda por sinal, e as casas das pessoas, além de escola e um rio bem grande.

Respirei fundo e senti o ar mais gostoso que havia respirado em toda a minha vidinha. Era simplesmente divino para quem sofria de doenças respiratórias como eu. Caminhamos um bom tempo. Minha mãe falou que era "logo ali", mas caminhamos bem. Subimos uma colina e chegamos à casa dos meus avós.

Lá, descobri que não eram *meus* avós, mas sim *nossos*, pois havia uma grande quantidade de primos. Pequeninos como eu e bem falantes. Também descobri que falavam diferente do que eu ouvia no Morro das Almas. Eu já adorava ouvir formas diferentes de fala. É uma riqueza só! Bom que eu entendia tudo o que falavam para mim. Sempre fui muito esperta com falas. Foi assim que ouvi minha vó falando com minha mãe:

— Quando é que você vai embora? — falou, bem enfática.

— Mãe, estou pedindo ajuda! Tem filhos que a senhora não gosta e eu sou uma delas. Deixa ficar aqui por algum tempo!

— A casa aqui não cabe tanta gente! — disse, referindo-se ao casarão, que tinha vários quartos.

Nossa avó adorava os genros. Assim, amava meu pai. Ela achava que minha mãe estava sempre errada ao ir contra o marido. Logo, deveria voltar para casa. Família é uma coisa complicada.

Fiquei sabendo que tinha várias tias novas e dois tios. Eles eram bem carinhosos, já elas, distantes. Lembro-me de que fiquei na janela da sala com a tia caçula, que devia ter uns 18 anos.

— Aquele morro lá mora gente? — perguntei, olhando para umas montanhas ao longe.

— Não, são da fazenda do seu Nozim.

A vista era bonita. E eu estranhei o silêncio. Como a cidade era silenciosa! Sem pessoas correndo desesperadas por becos, sem caras armados andando entre nós, sem cadáveres pelo chão. Eu estava amando estar ali.

Porém, num dia pela manhã, o vô veio pegar umas ferramentas que precisava. Eu o vi pela janela e comecei a cantar:

— Vovô Luís, vovô Luís!

Ele passou direto por mim. Senti o gelo. Minha vó o chamou e ouvi uma frase:

— Elas precisam ir embora essa semana. Vou falar com a Jurema!

Ela nos despachou naquele dia. Não queria saber onde nós ficaríamos, mandou-nos embora sem dó. Sabe que eu gostei? Era uma vó muito ruim. Não tive sorte com avós. Fomos para outra cidade mineira, onde morava a irmã mais velha de mamãe, tia Berê.

— A tia chegou! — gritou nosso pequeno primo Li, feliz de ver a tia chegar.

Fomos muito bem recebidas, diferentemente da casa dos nossos avós. Foi muito bom conhecer mais cinco primos, todos simpáticos e acolhedores. Era outra energia! Ficamos muito felizes ao chegar ali. A tia Berê me pegou no colo e me deu mil beijos. As crianças e os adolescentes dela fizeram o mesmo comigo. Era uma casa alegre e amorosa.

Gostei! Amei meus primos e tios. Ficamos lá uns meses. Foi uma experiência linda!

Pinhão

A tia Berê e o tio Zé moravam com seus filhos na beira de um grande rio, na frente de uma linha de trem enorme e perto de uma fazenda.

— Olha o leite! — gritava o vendedor de leite e queijos maravilhosos.

Uma coisa a que eu não resisti foi a comida de lá. A tia cozinhava com mamãe e ficava tudo muito bom. Havia pé de jabuticaba, de goiaba, de mamão... Comíamos muito bem o dia todo. Brincávamos na beira do rio, mas éramos proibidos de entrar. Só entendi quando cresci, pois queria muito entrar. Também brincávamos com os porquinhos da minha tia. Eram tão bonitinhos! Numa dessas brincadeiras, achei um pinhão dentro da casa da minha tia. Achei lindo! Nunca tinha visto. Guardei nas minhas mãos, apesar de ele ser maior do que elas, pois não tinha bolsa.

— Devolve meu pinhão, prima Jana! — disse chorando o Li. Eu havia pegado o pinhão dele.

— Não! Eu vi primeiro! — disse.

— Dá pra ela, Li — mandou tia Berê. — Ela é pequena!

Minha mãe chegou perto e falou:

— Devolve o pinhão dele. Não é seu.

Falando assim eu devolvi. Sempre que acho um pinhão por onde passo, se não é de ninguém, fico para mim. Li e eu nos tornamos muito próximos e amigos. Só o pinhão que trouxe um pouco de discórdia.

Menudo

Mamãe saiu da casa da tia Berê numa tardezinha e foi comprar comida com o tio Zé e meus primos adolescentes. Fiquei em casa vendo um programa de sábado com a tia. Estava sentada no sofá, perto de uma janela enorme de madeira. Tudo calmo até que o apresentador gritou:

— Menudo!

Era um grupo de garotos que cantavam músicas bonitas e eu adorava.

Levei um susto com o grito e pulei de alegria, gritando "Menudo" também. Só que bati com a cabeça na madeira da janela aberta e cai desfalecida no sofá da tia. Ela me acordou com álcool e foi ver minha cabeça.

— Virgem santíssima! Que galão!

Foi assim que ela pegou uma faca grande, abriu os meus cabelos até o galo e começou a fazer o sinal da cruz passando as costas da faca. Ela cantou para Nossa Senhora. Por algum tempo ficamos assim. Eu não chorei em momento algum. Senti uma paz grande, mas o galo doía bem.

Toda vez que ouço a palavra *Menudo* lembro-me do galo.

Pneumonia

Os dias passavam nessa energia de vida de roça. Muita brincadeira, muitas frutas e comida gostosa, mas eu sentia falta do meu irmão.

— Mãe, quero ver o Jorge — disse, sentindo-me triste.

— Também quero.

Fui ficando amuada pelos cantos e foi me dando falta de ar, febre e muito muco. Mamãe me levou à emergência do hospital da cidade e lá foi constatado que estava com pneumonia. Fiquei internada durante alguns dias, tomando soro e remédios. Apesar de estar numa situação complicada, eu me deleitava com o mingau de lá.

Quando tive alta, toda a família da tia Berê foi me buscar. Lembro-me de que estava no colo da minha mãe e que começou a chover, com pingos grossos. O tio Zé tirou sua blusa e jogou por cima de mim para me proteger, pois eu acabara de me curar da pneumonia. Fui tão mimada por todos ali durante os dias que se sucederam que terminei por ficar mal acostumada. Porém a saudade do Jorge não me deixava em paz.

Jorge e Caxias

Meu pai não cuidava do Jorge. Quem dava comida, banho e atenção a ele eram a tia Marta e o tio Lulu, que não o deixavam sozinho. Meu pai nem sabia na casa de quem o filho dormia, isso não importava para ele. Mas meu irmão queria ficar grudado no pai, que estava tendo um caso com a Vera. Por isso não se preocupava mais ainda com o filho.

Numa ocasião, os dois adultos foram para Duque de Caxias. Jorge soube disso, desceu o morro, entrou no ônibus sem ser visto pelo motorista e foi para essa cidade. Ficou perambulando pelos arredores da rodoviária de lá.

Quando se deram conta de que Jorge havia sumido, e tio Lulu sabendo que meu pai dele tinha ido para Caxias, ele foi para lá para procurar meu irmão. Meu tio o encontrou na rodoviária, cheio de fome e todo sujo. Então o levou para a casa da tia Marta.

Soubemos dessa história bem depois que ela aconteceu, quando a tia Marta mandou uma carta para minha mãe em Minas. Estava na hora de agir.

Estou de volta

Estava tudo nublado em Minas. A despedida dos meus primos foi bem triste. Estava no colo do meu primo mais velho chamado Zezinho quando minha mãe pegou a grande mala de tecido que nos acompanhou nessa grande viagem.

— Minhas portas sempre estarão abertas pra vocês! — disse a linda tia Berê quando minha mãe agradeceu a ajuda e o acolhimento.

Todos nos levaram ao ponto de ônibus que se dirigia à rodoviária. Foram mais quatro horas de viagem, em que eu novamente fui contando os carros que passavam por nós. Estava frio quando passamos por Petrópolis. Eu vi muita casa bonita lá.

Quando chegamos ao Rio, pegamos o ônibus que nos levava ao Morro das Almas. Fui olhando os bairros que passamos. Não tinha muito mato como em Minas Gerais. Voltamos para tudo. Mas eu sentia muita vontade de ver meu irmão.

— Seu safado! Pai horroroso! — gritou nossa mãe, xingando meu pai e batendo nele ao entrar em casa. Ela falou muito e ele não falou nada, como sempre fez. Calava-se e fumava seu cigarro.

Fiquei olhando o Jorge dormindo no sofá, sem uma coberta. Peguei uma e o cobri. Que bom saber que agora ele estava seguro com minha mãe perto. E que bom estar com ele outra vez!

Reencontros

Fui bem recebida pelos meus primos e brinquei muito com Tereza e Rosa. Só Diego, irmão da Rosinha, que era bastante agressivo e cruel comigo e com meu irmão. Não entendia o motivo. Nunca entendi. Mas me mantinha longe dele.

Os dias foram passando, com o Morro das Almas em guerra, pois as duas gangues que queriam os pontos de droga de lá não conseguiam parar de brigar. E nós sofríamos com tudo isso.

Num dia de Sol, Jorge e eu fomos comprar pão na Grota, uma rua que ficava no fim do nosso morro e no começo de outro, ou vice-versa.

— Estamos chegando em *Grotan City*, Robin — falou com voz grossa meu irmão, imitando o Batman. Eu morria de rir. Era muito engraçado. Só que ele caiu num barranco, machucou as costas e começou a chorar.

Eu o sentei numa escada e fiquei ao lado dele, abraçando-o. Nessa hora estava tocando uma música do Guilherme Arantes, chamada *Cheia de charme*, em uma casa perto de onde estávamos. Ele foi ficando calmo e continuamos nossa descida, com ele me chamando de Robin e se comportando como o Batman. Foi um dia muito feliz!

Primeira bicicleta

Mamãe voltou a fazer faxinas nas casas das pessoas que moravam no asfalto, perto do Morro das Almas. É, ela voltou para o meu pai. Não existia mais nem Vera, nem Antônio. Tudo bem na casa de Jurema. Porém houve um dia que Vera foi reivindicar a casa que meu pai havia dado para ela, ou seja, a nossa casa. Mamãe a enfrentou dizendo para ela ir pedir casa ao Manolo. Sei que ela nunca mais apareceu, graças aos Orixás. Era uma pessoa complicada a menos para convivermos.

Numa manhã de sol, fui com a mamãe para um prédio para lavar o mármore. Jorge foi para a escola. Mesmo quando meus pais estavam separados, a tia Marta o mandava para a escola. Ele estava na primeira série. Tinha muita dificuldade na escrita, mas lutava com muita força e determinação.

Mamãe buscou-o na escola depois de lavar o prédio e fomos andando pelas ruas do bairro, e passamos por uma bicicleta vermelha inteirinha e nova no lixo. Jorge foi logo pegando e tentando andar. Rimos muito de felicidade. Mamãe deixou meu irmão levar a bicicleta para casa. Era do tamanho dele.

No começo, Jorge andava de bicicleta pelo nosso quintal; depois passou para os becos, tendo ou não subida e descida.

Mas sempre com mamãe por perto. Então só andava pelos becos nos fins de semana. Meu pai continuava o mesmo: nada o fazia cumprir suas obrigações, era um desempregado que não queria encontrar emprego, apesar de sua qualificação ser boa e necessária em qualquer bairro que fosse. Um dia, ele conseguiu uma vaga numa padaria de um bairro próximo. Foi indicação de um médico que morava num dos prédios que minha mãe lavava.

A vida ia fluindo dessa forma, pai e mãe trabalhando, mas quando estavam em casa, sofriam com as fofocas das irmãs do meu pai, as duas, Valquíria e Tássia, que viviam bem próximas a nós. Só a tia Marta nos apoiava, as outras faziam seus rumores sobre a separação dos meus pais. Nossa mãe não estava mais aguentando e pensou em se mudar. Era hora de procurar uma casa e vender a nossa.

Andávamos com o Jorge de bicicleta pelos becos do morro, para passear e para encontrar uma nova casa. Encontramos uma, perto uns cinco minutos a pé da Grota, de uma conhecida de muitos anos chamada Luciana. Ela tinha três filhos muito engraçados. Brincávamos muito com eles enquanto nossas mães conversavam sobre a casa.

Numa noite, chegamos do nosso passeio da casa da Luciana e Jorge colocou a bicicleta atrás da casa, como sempre fazia. Não havia espaço dentro de casa para mais nada, nós já ocupávamos todo ele. Pensávamos que estava segura de roubos, pois o quintal tinha um portão e não era bom tom entrar nas casas dos outros no morro. Se isso acontecesse, a pessoa poderia sofrer punições.

Porém, na manhã seguinte, a bicicleta vermelha havia sumido. Não havia sinal de arrombamento do portão. A pessoa deve ter passado pelas frestas da cerca, pegado a bicicleta e saído pelo portão, que tinha uma tranca interna. Poxa! Jorge ficou muito triste. Chorou indo para a escola, com a vizinha que o levava junto aos filhos dela.

Passaram alguns dias e nada de notícia da bicicleta. Um dia, tia Marta viu, um pouco para baixo de sua casa, um adolescente com uma bicicleta vermelha. Ficamos de olho na casa do garoto. Pronto! Vimos que ele estava com o brinquedo do meu irmão. Minha mãe foi falar com os pais do garoto e eles disseram que o menino disse que tinha achado a bicicleta.

— É do meu filho! Alguém pegou em casa, tirando de lá. Ele precisa devolver.

Eles ficaram quietos, deviam conhecer bem o filho, então mandaram o garoto devolver a bicicleta.

Que alegria do Jorge! Ele e Rodolfo pegaram a magrela e começaram a brincar juntos, andando por um beco largo bem acima da casa da tia Marta e ao lado de onde nossos avós moravam.

Tudo estava correndo bem, até que uma parte da bicicleta se soltou e cortou a perna do nosso primo. Corre para o hospital. Toma pontos. E a bicicleta foi proibida de ser usada. Era o fim da primeira bicicleta.

Queremos mudança

As fofocas e as piadas enviadas para minha mãe continuavam, com tia Valquíria e tia Tássia vertendo seus venenos. As transações da venda da nossa casa para um irmão solteiro dos nossos vizinhos estavam a pleno vapor, juntamente aos combinados de mamãe e Luciana.

A casa que Luciana vendia era grande em comparação com a nossa, que tinha um cômodo só, um banheiro e um grande quintal. Ela tinha cozinha, sala, banheiro, dois quartos e um quintal, menor que o nosso, mas tinha onde botar plantinhas, tanque de lavar roupas e muita água chegando, coisa que não era muito comum no topo do morro, a água lá era contada. A única coisa que era estranha para nós é que a casa era de telha, não teríamos mais laje para subir. Mas enquanto não íamos para lá, brincávamos na nossa laje, que estava sendo passada para outro morador.

— Quem vai vender a casa é meu filho! — disse meu avô ao comprador da nossa casa, que estava fazendo os trâmites com minha mãe, pois meu pai não tinha a mínima vontade de nada, ainda mais porque estava trabalhando, então não havia energia para ver nada.

— Seu Lucas, seu filho nem fala comigo! — falou o comprador. — A Jurema que sabe tudo sobre a venda.

As vendas foram efetuadas e começamos a juntar nossas coisinhas em caixas de papelão para mudarmos de casa. Foi algo divertido, porém...

— Vocês não vão se mudar daqui! Não quero vocês longe! Eu sou o chefe desta família! Vocês têm que me respeitar! — gritou meu avô em nossa casa, impedindo-nos de arrumarmos nossa mudança.

— Não sou sua filha, você não manda em mim e nos meus filhos! Nós vamos nos mudar e você vai gritar com as suas filhas! Eu sustento esta casa! Fala com seu filho pra ele dar dinheiro em casa e cuidar dos filhos! Isso você não se importa! — disse mamãe, impondo-se com o dedo em riste.

Enquanto isso, nosso pai ficou sentado com a cabeça abaixada, fingindo que não estava ali. Olhei para ele com um olhar fuzilador, mas ele não moveu um dedo para defender a mudança. Entendi que se fingir de morto era uma estratégia bastante utilizada por ele. Não devia imitar.

— Mãe, a gente vai se mudar? — perguntei chorando a minha mãe depois que o grosso do nosso avô foi embora sem conseguir o que queria.

— Vamos sim. Ele não manda na gente. Fica calma.

Minha mãe sabia o quanto eu era sensível.

Numa manhã nublada, os vizinhos amigos começaram a pegar as caixas e levar para nossa casa perto da Grota.

— Vamos morar perto de *Grotan City*! — Jorge estava bastante animado. Ele e Rodolfo entraram em umas caixas vazias e ficaram rolando pelo barranco que havia em nossa futura antiga casa. Tio Lulu chegou e mandou os meninos pararem. Mas foi muito divertido. Rimos muito.

O que foi mais difícil de levar foi a geladeira amarela. Ela era um trambolhão de ferro que quando estava ligada dava choque em quem a tocasse. Mas durante a mudança ela não estava ligada, é lógico, então não deu choque em ninguém.

Chegamos à casa nova com o tio Lulu. Tinha tanta gente arrumando as coisas que tudo foi organizado muito rápido.

— Não põe meu quadro perto da janela não! — falei com uma das minhas tias, que estava colocando a minha foto ao lado da janela da sala, que ali ela ficaria escondida quando a janela fosse aberta.

— Não se mete aqui, garota! Você é muito pequena pra dar pitaco nas coisas — disse ela, querendo mandar onde não devia.

Terminou que o quadro foi pendurado lá e quando todos saíram mostrei para minha mãe, que o tirou e o colocou na parede da sala sem janela perto.

Enfim, a mudança acabou. Mamãe me pôs para dormir em um sofá que a Luciana tinha deixado para nós. Jorge dormiu em sua cama, que uma patroa de mamãe tinha dado para ela. Foi um dia e tanto!

Novos ares

Jorge acordou cantando e pulando. Tudo novo, que bom! Nosso pai acordou com uma tromba enorme. Porém ele sempre fez isso. Mamãe acordou, arrumou o café para nós e depois foi organizar caixas.

Fomos passear pelos becos próximos.

— Oi, menina! Você é vizinha nova? — perguntou uma garota que era do meu tamanho, devia ser da minha idade.

— Sou. Sou Janaína.

— Sou Janaína também.

— Aquele é meu irmão, Jorge — apresentei meu irmão enquanto ele estava conhecendo os meninos dos becos. Um era menor, chamado Vinho, e o outro era da idade do Jorge, de codinome Coelho.

Brincamos naquela manhã com muitos meninos e muitas meninas que moravam bem pertinho. Eram pessoas boas. Gostei muito! Seus pais foram nos ver e ver nossos pais. Foi bem simpático todo esse reconhecimento de área. Só meu pai que ficou de cara feia para todos. As pessoas devem ter visto que ele não era uma boa pessoa. Mas o beco era uma alegria só.

119

Jorge e eu fomos autorizados a tomar banho de borracha d'água no quintal. De roupa mesmo, pegamos a borracha e ficamos brincando de guerra de água. Achamos nossos brinquedos e fomos logo dando banho neles também. Foi muito divertido.

Com o tempo descobrimos que havia um grupo grande de meninas adolescentes que frequentavam o baile funk da época e eram muito briguentas. Era uma gangue. Devíamos ficar longe delas. Mas minha mãe conseguia conversar com elas normalmente, sem problema algum. Elas respeitavam minha mãe e odiavam meu pai. Era de se esperar.

Viagem para Minas

Em alguns meses, depois de inúmeras brigas dos nossos pais por causa de ciúmes do ser masculino, eles decidiram passar alguns dias em Minas Gerais para ver a tia Berê. Fomos então.

No ônibus sentei-me ao lado do meu irmão, na janela. A viagem foi muito divertida por isso. Rimos muito. Nossos pais estavam logo atrás de nós. Foram quatro horas muito legais. Dormíamos, ríamos, comíamos e conversávamos sobre o que víamos pela estrada.

— Pega a Janaína que eu pego o Jorge — disse minha mãe para o meu pai quando chegamos à cidade de tia Berê. A família toda estava lá nos esperando.

Eis que todos desceram do ônibus e meu pai estava de mãos abanando.

— Você deixou a menina! — gritou nossa mãe.

O ônibus já estava começando a sair da rodoviária quando tio Zé, tia Berê e seus filhos saíram correndo, dando socos nele para o motorista parar. Ele parou e meu tio explicou que tinham esquecido uma criança lá. Eu me assustei com a gritaria e acordei no colo do meu tio. Saímos do ônibus e todos vieram nos abraçar. Jorge já estava no colo do primo Zezinho. Nosso pai teve que ouvir muitas reclamações de minha mãe e da tia Berê.

— Deixou a menina no ônibus. Pai desalmado.

Passamos dias muito felizes com nossos primos e primas. Em um deles, nossos pais nos colocaram para pescar na beira do rio. Passamos algumas horas rindo e falando besteiras. Até que...

— Peguei! Peguei um! — gritou Jorge, nesse dia de sol escaldante.

— Puxa a linha! — falou o tio Zé para ele.

Todos nós gritamos e batemos palmas. Muitas gargalhadas vieram quando o peixinho apareceu. Era pequeno, mas valia muito para nós.

No almoço, Jorge comeu seu peixinho frito e muita comida mineira da tia Berê.

Brincávamos com nosso primo Li de pegar frutas nas árvores, de correr pelos quintais, de pegar no colo os porquinhos que tinham nascido há pouco tempo e de jogar pedras no rio. Estavam sendo dias bem calmos. Como era bom não conviver com guerra e corpos pelo chão! Porém ali não tinha emprego para meus pais.

Assim, num dia de ventania, fomos arrumando nossas malinhas para voltar para o Rio de Janeiro. Eu estava arrumando a mala e o primo Li me chamou para dar tchau aos porquinhos. Fomos para o chiqueiro para correr com os porcos. Foi bem divertido! Só que por isso esqueci meu boneco Amendoim na cama de meus primos.

Pegamos o ônibus para nossa cidade e eu me lembrei de que havia esquecido meu boneco. Fui para casa chorando.

— No Natal pegamos seu boneco — minha mãe prometeu.

Eu fiquei bicuda por alguns dias. Foi aí que mamãe deu um pulo em Minas para buscar meu boneco e casacos que esquecemos. Ela aproveitou e abraçou mais todos na família da tia Berê. Os laços de amor são únicos em nossas vidas.

Tio Mário

No Morro das Almas, mesmo morando um pouco afastados dos nossos parentes, íamos visitar a tia Marta e nossos amigos no topo do morro. Nós subíamos para chegar às casas dos nossos queridos. Passávamos também na casa dos nossos avós. Lá moravam meus tios jovens; o caçula era adolescente, tinha 15 anos e se chamava Mário.

Num dia quente, subi para ver a tia Marta e ela falou que eu já era uma mocinha, pois já tinha 6 anos. Podia contar com as duas mãos minha idade já. Eu ri. O tio Mário veio e tentou abrir meus dedos das mãos à força.

— Mostra pra mim a sua idade! — falou.

Ele era muito cruel. As brincadeiras dele eram sempre muito violentas e sádicas.

Houve uma vez, quando Jorge era bem pequeno, que esse tio pegou vários comprimidos e deu para meu irmão. O menino passou mal e contou para minha mãe. Ela foi contar para minha vó, que disse ser coisa de criança. Não, isso não era normal.

Com 6 anos eu tinha muita vontade de ir para a escola, como meu irmão ia todos os dias, mas lá só podia entrar com 7 anos; era a rede municipal do Rio. Achava o uniforme lindo!

Vi o tio Mário ser expulso da escola em que estudava. Estávamos brincando no quintal do meu avô e o tio de 15 anos chegou. Contou o que havia acontecido para o pai, que reclamou durante um bom tempo. A vó nem ligou. Nosso tio ficou sentado, ouvindo o que o pai falava, e nós paramos para tentar entender o que estava acontecendo. Foi um dia triste. Eu senti a energia de tristeza.

O menino era tão alienado que quando minha mãe estava grávida de mim, ele perguntou o que era aquela barriga. Minha mãe falou:

— É um sobrinho ou uma sobrinha para você. Põe a mão, mexe.

No dia seguinte, minha vó foi brigar com minha mãe, pois ela estava ensinando maledicências para o filho dela. Ou seja, não se podia falar nada para o Mário, então ele não entendia nada, pois ninguém conversava com ele. O que havia era só gente rindo das malvadezas que ele fazia.

Ele passava muito na nossa nova casa, já que nossa mãe era uma das pessoas que ele ouvia. Sem escola, ele ficava o dia todo perambulando pelo morro. Então ele começou a se envolver com o tráfico de drogas. Ele ia muito para a Grota, por isso passava pela nossa casa.

Logo ele foi começando a se drogar com seus novos colegas de caminhada no morro. Como pagava a droga? Roubava pelas ruas do bairro.

Um dia ele foi pego pela polícia e o levaram para um local onde ficavam as crianças e os adolescentes que praticavam crimes. Era do governo. Nosso avô foi lá e o tirou, mas ninguém o controlava mais. Ele ficava no morro se drogando e roubando coisas de valor nas nossas casas, além de dinheiro. Na minha casa ele não roubava, pois tinha medo de ser denunciado para os traficantes, já que morávamos muito perto de onde eles ficavam.

— Expulso! Expulso do campo! — gritava nosso tio Mário cheio de droga na mente, quando queria que saíssem de perto dele.

Ele estava incontrolável e queria cada vez mais droga. É uma fase muito triste que guardo nas minhas lembranças. Essa alma eu nunca consegui que me deixasse em paz.

Vó das Dores

O dia estava silencioso, com certo ar de estresse vindo da casa dos meus avós. Enquanto brincávamos, ouvimos uma gritaria bem forte vindo de lá.

— Não tenho dinheiro! Não tenho dinheiro! Me larga! — gritou minha avó ao receber sopapos do filho Mário.

— Eu quero dinheiro! Cadê? Dá logo!

Parece que ela já havia dado dinheiro para ele anteriormente, mas agora não queria dar ou não tinha. Foi horrível ver tudo o que houve.

Isso mesmo. Nosso tio estava esbofeteando nossa avó para tirar dinheiro dela. Foi uma cena horrível de ver: ele tirando sangue do rosto da própria mãe. Ninguém foi lá separar, pois estávamos só nós, crianças, chorando com tudo o que estava acontecendo.

O tio Benício, pai da Rosa e do Diego, deu uma surra no irmão. Eles pensavam que isso resolveria o problema, mas não resolveu.

Uma semana depois da surra que ele deu na nossa avó, ele chegou à casa com muita vontade de comprar sua droga.

— Mãe, me dá dinheiro! — gritou na cabeça da mãe, que nunca deu limite a ele e agora não conseguia mais controlar aquele ser monstruoso que ele estava se tornando.

— Não vou dar! Vai se virar pra arranjar dinheiro! — gritou a mãe, tentando se defender.

— Então toma! — gritou Mário, enfiando uma faca na mão da própria mãe.

A faca entrou e saiu muito rápido, fazendo um ferimento na mão direita da nossa avó. Ela chamou os outros filhos para ajudar e o adolescente correu para se livrar da coça que receberia dos irmãos.

Estava vendo desenho na tevê, já havia almoçado com meu irmão Jorge, e quem chegou a nossa casa para ficar? Tio Mário. Ele parecia assustado. Estava ofegante e pediu comida. Demos um prato para ele se servir. Ficamos nós três vendo desenhos até a noite, quando minha mãe chegou. Ele em silêncio total.

— O que houve, Mário? Por que está aqui? — mamãe perguntou, sem ter resposta. Ele estava de cabeça baixa, sem pronunciar qualquer som.

Ficamos assim por algumas horas. Ele parado na sala e minha mãe arrumando o jantar. Foi aí que chegaram os irmãos dele para buscar o menino. O tio Lulu contou para a minha mãe o que havia acontecido. Não bateram nele naquele momento para não chamar atenção. Levaram-no para a casa de seus pais.

Ficamos em casa tentando entender o que havia acontecido. Nossa mãe conversou conosco para nos acalmar e esclarecer tudo. Foi um dia muito ruim.

— O que o tio Mário fez? — perguntou o Jorge.

— Ele furou a mão da sua vó com uma faca.

Foi uma longa e dolorosa conversa.

Corrente

Tio Mário nunca foi tratado com a devida atenção. Nada era explicado para ele e quando perguntava era tratado com agressividade e surras. Ele podia fazer o que quisesse, que os pais e os irmãos riam. Houve um dia em que ele botou fogo na coberta que estava cobrindo o vizinho e primo Délcio, marido da nossa querida Cristina. Quase queimou o coitado. Nossa família riu.

Meu pai o tratava muito mal.

— Quando o mocotó estiver bom, vem comer aqui com a gente — disse minha mãe a ele, num dia em que tia Berê e sua família estavam lá em casa.

— Não! Ele vai pra casa dele! Fora daqui! — mandou embora o irmão, meu pai.

Que tristeza! Tio Mário queria provar de uma comida que nunca havia experimentado. Nesse dia, o almoço foi servido e sobrou mocotó. Nosso pai era um ser abominável mesmo.

Voltando ao dia que os meus tios foram buscar o tio Mário em nossa casa... Quando ele chegou à casa dele, seus irmãos brigaram muito com ele e dois deles lhe deram uma surra.

Nos dias que se sucederam, Mário continuou indo para a rua para roubar e se drogar, mas parou de importunar a mãe.

Em uma tardinha, ele voltou da rua muito drogado e descontrolado. Nós estávamos brincando no quintal dos nossos avós — Tereza, Jorge, Rodolfo, Rosa e eu — e ele começou a gritar com nossa avó.

— Mulher que não me dá dinheiro! Sua mão de vaca!

Nossos tios e nossas tias ouviram e foram correndo para bater nele. Ele apanhou de dois dos nossos tios. Para completar, eles o acorrentaram na cozinha de casa. Nós, crianças, ficamos vendo-o acorrentado, todo machucado. Jorge começou a chorar sem parar. Chegamos em casa e ele não parou de chorar. Não era bom ver nosso tio acorrentado, jogado no chão e todo machucado das surras que havia levado. Era dor em cima de dor.

O que mais me doeu foi a falta de diálogo com ele. Zero comunicação com meu tio. Tanta agressão, tanta gente envolvida, que não tinha nenhuma humanidade.

Tanta dor. Quando isso iria parar?

Quinze

Estava tudo fora de controle, e eis que o tio Mário sumiu. Mamãe foi fazer faxina no bairro vizinho e quando desceu o morro encontrou minha avó das Dores na fila da carne fora do supermercado. Isso mesmo. Existia fila da carne, pois faltava muito esse item no comércio.

— Dona das Dores, tudo bem? — perguntou nossa mãe.

— Nada. O Mário sumiu! — respondeu ela. — Ele deve ter tomado é tiro!

— Não fala isso não! — Minha mãe ficou indignada. — Ele deve ter ficado na casa de algum amigo.

— Ele tem 15 anos! É grande já.

Minha avó parecia que não estava ligando muito para esse sumiço, nem nosso avô, que por um problema nas articulações não podia nem sair de casa. Ficava o dia inteiro sentado em uma poltrona dando ordens nas pessoas. Tentou mandar no filho Cleiton e ouviu uma música como resposta:

— Seu Lucas, seus Lucas! Vai dormir, seu Lucas!

O desrespeito era grande entre filhos e pais. Ainda bem que nós, primos, não ficamos assim. Respeitávamos muito nossos pais.

Por falar em pai, o meu comprou o jornal bem cedo e viu uma foto de três adolescentes mortos na frente de uma fábrica de cerveja que havia perto do Morro das Almas. Todos estavam de costas, caídos. Ele olhou bem para a perna de um e viu uma cicatriz de um machucado que tio Mário tinha. Ele esperou minha mãe chegar e mostrou para ela. É, meu pai não tinha nenhuma iniciativa, queria que ela fizesse algo.

— Se for o Mário, precisamos procurar pra onde levaram o corpo.

Minha mãe leu na manchete que a delegacia próxima tinha feito a perícia.

— Fala com seus irmãos e vamos à delegacia.

Tio Benício, sua mulher, a tia Glória, o tio Cleiton, meu pai e minha mãe foram à delegacia mais próxima do Morro das Almas.

— O que vocês querem saber? — perguntou um policial para nossa mãe.

— Queremos saber sobre os três jovens que estavam mortos na fábrica de cerveja. Para onde foram os corpos. Um deles deve ser o irmão do meu marido.

— Falem com o delegado.

Eles entraram e foram falar com o delegado responsável pela perícia dos corpos.

— Os corpos foram para o IML no Centro da cidade — contou o delegado. — Tinha um jovem que parecia com esse daí. — Apontou para o tio Benício, que era parecido com o tio Mário.

E foi para lá que eles seguiram. Chegando ao IML, foram reconhecer o corpo e o tio Mário realmente estava lá, fora baleado inúmeras vezes nas costas.

— Foram 15 tiros — falou o responsável por mostrar os corpos para as famílias. Todos estavam bastante emocionados e choraram muito. Um menino de 15 anos morrer com 15 tiros era dor demais. Voltaram para o Morro das Almas e contaram para os pais. Nossa avó chorou muito. Ela viu sua vizinha e prima Cristina lavando roupas no tanque na casa ao lado e gritou para ela:

— Cristina, meu filho morreu!

— Tá vendo aí, dona Das Dores, quando você falou da morte dos meus filhos!

Cristina havia perdido dois filhos para a violência do Morro das Almas, o Luís e o Daniel, com 18 e 19 anos, respectivamente. Eles tinham se envolvido com o tráfico de drogas e foram assassinados. Então minha avó ficou fazendo fofoca sobre a morte deles.

Tereza e eu vimos tudo. Foi um dia que nunca esqueci.

Bodinho

No dia seguinte, soubemos tudo o que havia acontecido com o tio Mário, pois umas mulheres que moravam perto de onde ele e seus amigos ficaram presos nos falaram.

Ele e mais dois colegas foram pegos pelo traficante chamado Bodinho, de 14 anos, devendo na boca de fumo. Os valores dos três eram muito altos e eles nunca conseguiriam pagar o preço todo. Então Bodinho e seus comparsas os levaram para uma casa vazia do morro e os prenderam com cordas em umas cadeiras. Nas normas do morro, quem devia tinha que pagar de alguma forma.

Como essas normas não deveriam ser desrespeitadas, a crueldade de Bodinho chegou a um nível elevado e ele deixou os três presos na casa por alguns dias. Eles gritaram muito pedindo ajuda, água etc. Ele viu que não havia como os três pagarem a dívida, mas eles não podiam sair dali, senão Bodinho perderia o respeito da comunidade. Então eles levaram os adolescentes à frente da fábrica de cerveja, mandou-os correr e atiraram neles inúmeras vezes.

Nosso tio levou 15 tiros de escopeta. Esse número ficou gravado em minha memória. Quinze anos e 15 tiros. Dessa alma nunca consegui me livrar.

Você não vai!

Acordamos num dia cheio de sol e fomos todos os primos para a casa dos nossos avós. Era o dia do enterro do tio Mário. Nossos pais foram todos ao velório. Ficamos brincando no quintal enquanto minha vó brigava com meu avô.

— Eu quero ir ao enterro do meu filho! — disse bem enfática a vó, com lágrimas nos olhos.

— Você não vai! — respondeu meu avô, com ódio nos olhos.

Essa briga durou algumas horas, até que uma amiga da minha vó, lá da igreja, chegou para interceder.

— Como você pode negar o direito de uma mãe se despedir de um filho? — perguntou a religiosa.

Ela falou tanto que nosso avô concordou. Então minha vó pegou suas coisas e foi pegar o ônibus para o cemitério.

Como um homem poderia se intrometer na vontade de uma mãe de dizer adeus ao seu filho? Esse era nosso avô. Como já disse, não tive sorte com avós.

Nossos pais chegaram e minha vó também. Eles nos pegaram e foram nos dar almoço logo à tarde. Eles se despediram

136

do nosso tio Mário. Foi uma vida bastante conturbada, com uma infância em que ele pôde fazer tudo o que quisesse, sem ninguém dizer "não" para ele, e uma adolescência de revolta e tentativa de fuga da realidade. Não consigo tirar da cabeça que foi uma vida jogada fora.

Será que todos levaram consigo sua parcela de culpa nesses eventos que o menino viveu? Acredito que não. Essa família tinha pouco sentimento. Pensavam que o problema da morte dele era ele próprio. E ninguém mais tocou no assunto. Ai de quem tocasse!

Tio Mário era para ser esquecido, mas eu nunca o esqueci.

O que eu sonhava

Todos juntos, esses eventos formam um bloco de lembranças que me seguem durante a minha vida. São como almas luminosas que sempre me chamam para reviver isso tudo.

Na minha casa, a morte do tio Mário foi sentida como deveria ser. Pegávamos minha mãe chorando e Jorge e eu tentávamos imitar a voz dele. Já meu pai não mostrava nenhuma reação. "O Mário morreu. Antes ele do que eu!", era o que gritava dos olhares do nosso pai.

Nós, primos e primas, aprendemos que ficar longe dos traficantes era o que ditaria nossas vidas; que respeitar pai e mãe era imprescindível para termos uma vida saudável; e que sermos pacíficos na vida era o ritmo que deveria ser tocado por nós.

Eu já sonhava em estudar, em ir para a escola, carregar livros, escrever, cantar, usar uniforme, como eu vi as filhas da patroa da minha mãe fazerem. Era algo que eu sonhava todos os dias, eu me imaginava na escola. E não faria feio! Meus 7 anos estavam chegando e eu entraria para a escola. Eu iria estudar! O Morro das Almas teria mais uma estudante.